AF367779

LE SACERDOCE

LES SACREMENTS

ABBÉ FRANCIS MUGNIER

LE SACERDOCE

ERNEST FLAMMARION, ÉDITEUR
26, RUE RACINE, PARIS

AVANT-PROPOS

L'homme a besoin de la vérité; son esprit en est avide et sur certains points de capitale importance, il n'a pas de repos qu'il ne l'ait trouvée. Bon gré mal gré, il veut savoir.

Certains problèmes sont d'une telle conséquence pour la vie que l'homme vraiment sage ne peut pas se résigner à rester dans l'ignorance. Refuser de les résoudre serait déchoir de sa propre dignité humaine et abdiquer les droits de la raison. Le scepticisme est un jeu de l'esprit, et, en ces matières, il est incapable d'apporter un apaisement à l'inquiétude du cœur.

Le sacerdoce catholique ne pose-t-il point

l'un de ces graves problèmes que toute âme loyale a besoin d'éclaircir ?

C'est un fait social d'une telle ampleur que je ne puis l'écarter par une fin de non recevoir.

Il apporte à mon esprit des réponses qu'il dit péremptoires aux questions les plus importantes de ma destinée et de ma vie.

Il me propose une loi morale qu'il affirme tenir de Dieu et capable de me conduire à Lui.

Il ouvre sur mon existence des perspectives magnifiques qu'il est impossible de négliger.

N'est-ce pas sagesse d'y regarder de près et de rechercher la pleine lumière. Il en faut moins pour stimuler la curiosité de toute âme droite et amie de la vérité.

Puissent ces quelques pages écrites en toute loyauté mériter la bienveillance du lecteur et l'aider à satisfaire son esprit et son cœur.

Le sacerdoce

CHAPITRE PREMIER

LE PRÊTRE, HOMME UNIVERSEL

Sommaire. — 1º Tous les peuples rendent un culte à la divinité. 2º Ce culte est un culte social, spécialement par la célébration des sacrifices. 3º Le sacrifice exige le sacerdoce. Le sacerdoce catholique annoncé par le sacerdoce mosaïque.

Un fait remarquable entre tous dans l'histoire religieuse du monde, c'est l'universalité d'un culte rendu à la divinité par le sacerdoce. Chez tous les peuples, dans tous les temps, nous retrouvons cette trilogie sacrée : Dieu, le sacrifice, le prêtre.

Il n'est pas une peuplade si primitive ou sauvage qu'elle soit, qui n'ait quelques croyances et quelques pratiques religieuses. Les Bantous du centre de l'Afrique, les

Hottentots du Sud, les Nigritiens du Niger ont leur religion; ils connaissent un Etre suprême auquel ils rendent un culte. Dans les îles de l'Australie, les Mélanésiens, les Papous, les Fidjiens, les Néocalédoniens ont leurs pratiques rituelles scrupuleusement observées.

Les populations primitives du nord de l'Asie et de l'Europe : Lapons, Samoyèdes, Votiaks, Eskimaux ne vivent point sans religion. Les grands peuples des continents asiatique ou américain ne font pas exception; si confuses que soient leurs croyances et imprécises les prescriptions de leur morale, ils sont religieux. Taoïsme et Confucianisme de la Chine, Shinthoïsme et Bouddhisme du Japon, Zoroastrisme de la Perse, Védisme, Brahmanisme, Bouddhisme de l'Inde, ont en grand nombre des adeptes; l'Islamisme a ses adhérents. Et la vieille Europe qui vit, depuis deux mille ans, du christianisme, envoie dans l'univers entier les missionnaires semeurs de la foi et de la morale évangéliques.

L'histoire des civilisations anciennes n'est pas moins instructive. Les Grecs avaient un panthéon bien peuplé ; les Romains étaient

accueillants aux dieux étrangers; nos ancêtres les Celtes, pas plus que les Germains
n'étaient des athées. Hérodote nous fait
connaître les religions des peuples nombreux
qu'il a visités. Rien de complexe comme les
liturgies sacrées de l'antique Égypte ou de
Babylone, telles que nous les découvrent les
savants modernes.

A quoi bon poursuivre une enquête dont
le résultat n'est contesté par personne et
auquel les témoignages des explorateurs,
des missionnaires, des archéologues apportent tous les jours une nouvelle confirmation ? La vérité éclate à tous les yeux. L'a-
théisme ne se rencontre guère sur la terre
qu'à l'état sporadique et isolé ; il n'a pas
l'aspect d'une fleur naturelle et qui ait pris
racine au sol de l'humanité. Bien plutôt se
présente-t-il comme une plante de serre,
exigeant une difficile culture, et incapable
de vivre au grand air. C'est pour l'homme
un besoin impérieux de reconnaître au-dessus de lui un Etre supérieur, dont il dépend,
et auquel il croit de son devoir rigoureux de
rendre un culte et des honneurs qui lui sont
réservés.

Ce fait est évident. Jusque dans les cérémonies les plus bizarres et les plus excentriques observances, il n'est pas difficile de retrouver le dessein unique d'un culte à rendre à la divinité. Si bien que de nombreux savants modernes sont enclins à croire qu'à l'origine du polythéisme païen décadent, se trouvait tout simplement le culte d'un seul Dieu. Même déformé ainsi, le polythéisme est des plus instructifs par cette idée maîtresse qu'il contient sous une multiplicité de formes qui varient quasi à l'infini.

Or voici qu'au milieu de cette diversité liturgique, émerge un autre fait non moins significatif : l'homme ne se contente nulle part d'une religion individuelle. Il ne croit pas avoir accompli tout son devoir, quand il a, comme personne privée, rendu des honneurs aux divinités qu'il invoque; il lui faut une religion sociale; et il n'y a sans doute pas d'exemple de pays où les hommes se contentent d'un culte uniquement privé. Rien d'étonnant à cela en vérité; car, si rudimentaire qu'elle soit, la société est naturelle à l'homme; en elle il a pris naissance; elle l'aide à se former, à se développer et à se défendre. Le troupeau bestial d'êtres humains, vivant sans familles, sans organisation d'aucune sorte, horde farouche n'ayant pour lien que le hasard des rapprochements, ne se rencontre guère que dans l'imagination des romanciers ou des sociologues en chambre. Bien plus, cette vie sociale englobe toute l'activité humaine ; et il semble que, dans les pays dont la civilisation est plus arriérée, où l'homme est moins accaparé par les mille occupations de notre activité trépidante et enfiévrée, vie religieuse et vie sociale se confondent. Comme d'instinct, l'homme traduit son besoin de l'homme en s'unissant à lui pour la prière et le culte divin.

La famille, le village, la tribu, la cité, la nation sont, sous différentes formes et à des points de vue divers, nécessaires à la vie de l'homme. C'est la mise en commun naturelle des forces de tous et qui permettra à chacun de réaliser plus complètement les aspirations de son âme. Il est normal, dès lors, que la société soit tout entière envahie par la vie religieuse et que cette dernière ne trouve sa perfection que dans ses manifestations sociales.

En fait, vouloir réduire la vie religieuse à la conscience individuelle uniquement, sans lui permettre d'en sortir, c'est s'opposer à un impérieux besoin de l'homme et contredire les données les plus précises de l'histoire. Comme l'homme s'unit à l'homme pour mieux vivre et mieux se garder, ainsi lui est-il naturel de s'unir à lui pour mieux prier, pour rendre à la divinité les honneurs qui lui sont dûs, détourner les coups de sa colère, et implorer sa protection.

C'est ce besoin social de religion que viennent combler *le sacrifice et le sacerdoce*, deux institutions connexes qui se commandent l'une l'autre et qui sont à la base de toute cette étude.

La dépendance de l'homme par rapport à Dieu peut s'exprimer de multiples manières. Le principal, sans quoi tout le reste ne serait que duperie, est le sentiment intérieur de soumission, de crainte et d'amour. Or ces sentiments mêmes ne peuvent pas ne pas s'exprimer dans des gestes, dans des paroles, dans des actes. Prières, ablutions, cérémonies ont là leur source profonde ; de plus, elles deviennent le lien visible qui réunit les membres de la société, les groupes et permet de mettre en commun les intelligences et les volontés de tous.

Ce besoin de l'unité demandait plus encore. Prières en commun, c'est bien; les cérémonies collectives ont leur signification. C'était insuffisant. Il fallait un acte vraiment *un* qui fût celui de la société en même temps que celui de tous les membres. Cet acte, c'est le sacrifice, où par une substitution symbolique, chacun s'offre soi-même en offrant une victime immolée à la divinité. La victime forme ainsi le centre du sacrifice ; elle tient la place de ceux qui l'offrent et qui, ne pouvant s'immoler eux-mêmes, immolent en leur nom une créature de choix, la présentent à la divinité pour reconnaître ainsi son empire sur toutes choses, et même sur la vie humaine.

Le sacrifice peut revêtir des formes très variées. Les rites ici fort simples, sont ailleurs d'une complication extrême; les victimes diffèrent selon les temps, les lieux, les honneurs spéciaux que l'on veut rendre à la divinité, les faveurs qui sont demandées ou les fléaux dont on veut se garantir. Tantôt ce sont des animaux choisis et immolés avec un cérémonial d'une minutie rigoureuse et sacrée; tantôt des fruits de la saison, cueillis selon des rites officiels, et offerts en grande cérémonie, tantôt des liqueurs précieuses versées en libations. Certains sacrifices exigent la totale destruction de la victime par le feu, d'autres ne la demandent pas. Dans certains cas, on ne recule même pas devant l'immolation de victimes humaines, soit qu'il s'agisse d'honorer quelque divinité guerrière, soit qu'on veuille présenter un don plus précieux.

Mais sous ces diversités, le fait est constant : partout, sous tous les climats et toutes les latitudes, l'homme honore la divinité par le sacrifice. Ce rite est par excellence l'acte du culte social, par lequel tous les groupements, depuis les plus rudimentaires, jusqu'aux plus complexes, accomplissent les devoirs de leur culte public.

Cette observation que faisait avec tant d'autorité Joseph de Maîstre, est confirmée chaque jour par les témoignages les plus sûrs des missionnaires et des voyageurs.

Et ce sacrifice, expression du culte collectif, qui donc va l'offrir à la divinité ?

Ici, comme par une nécessité, apparaît un personnage indispensable, c'est le sacrificateur, le prêtre. Pas de vrai sacrifice sans lui; et partout, à côté de l'autel, se tient debout ce héraut sacré. C'est par ses mains que sont immolées les victimes, que leur sang est répandu, que les parfums brûlent aux cassolettes, que le temple est gardé de toute profanation.

Il faut, pour cette fonction sainte, un homme qui ait autorité sur le peuple et qui le représente, puisque c'est en son nom qu'il doit agir.

Il faut aussi quelqu'un qui soit agréé de la divinité, puisqu'il s'agit de lui faire des offrandes qui soient reçues comme agréables.

Le prêtre sera donc à la fois un choisi et un consacré; et c'est en effet ce qui existe chez tous les peuples et au sein de toutes les civilisations. Souvent, c'est le chef lui-même de la société qui remplit ces fonctions sacrées; c'est le père dans la famille, le chef pour la tribu, le prince pour la nation. Cette désignation même indique clairement quelle importance est attribuée aux fonctions sacerdotales. Souvent cependant, il n'en est pas ainsi. Comme si l'on avait conscience que, pour s'adresser à Dieu, la puissance et l'autorité ne suffisent pas, c'est par un rite sacré et une véritable consécration que sont constitués en dignité les sacrificateurs. Comme d'instinct, on comprend que le sacerdoce dépasse les choses de la terre, que ses fonctions sont d'ordre divin, ses pouvoirs réservés. Il n'en faut pas davantage pour qu'aux yeux de tous, le prêtre soit un homme à part, un homme saint, séparé des profanes et que ses fonctions investissent d'une dignité extraordinaire. Aux moins instruits, il apparaît comme un médiateur entre Dieu et les hommes et comme le dispensateur des choses divines.

S'il a paru bon de jeter ce rapide coup d'œil sur la religion, le sacrifice et le sacerdoce des peuples qui couvrent la terre, ce n'est pas, sans doute, pour laisser entendre que tous ces cultes sont d'égale valeur ou que tous ces sacerdoces sont vrais et légitimes. Il suffit d'un regard sur les ridicules et grotesques superstitions du paganisme, pour voir qu'il n'en est pas ainsi; et cependant cette recension nous montre jusqu'à l'évidence combien le sacerdoce est un besoin de l'humanité. Et, dès lors, c'est avec plus d'intérêt, plus de respect et plus d'amour, que nous pourrons étudier le sacerdoce catholique dont la suréminente grandeur apparaît dès qu'on en saisit la profonde réalité divine.

Dans les sacerdoces païens, nous retrouvons dans une bien imparfaite réalisation ce besoin de l'homme qui, sentant son impuissance, essaie de son mieux de se faire agréer auprès de la divinité. Dans le sacerdoce chrétien, nous retrouvons le chef-d'œuvre du Christ, le prêtre par excellence, qui a voulu perpétuer jusqu'à la fin des temps son sacerdoce sur la terre.

Précisément parce qu'il devait être si beau et si grand, ce sacerdoce fut annoncé et figuré comme le Christ lui-même, dès le commencement du monde; et les prêtres de la loi ancienne, qui servaient Yahveh dans le temple de Jérusalem, étaient revêtus d'une dignité, et investis de prérogatives qui nous aident à mieux comprendre celle dont sont porteurs les prêtres de Jésus-Christ.

Dès l'origine, Caïn, Abel, Noé, Abraham,

Isaac, Jacob offrent des sacrifices au Seigneur. Sans en avoir le nom, ils faisaient, dans leur famille, fonction sacerdotale. Melchisédech, au contraire, par signification prophétique, est appelé « le prêtre du Très-Haut. » (*Genèse*, XIV, 18 ; *Épître aux Hébreux*, VII, 1.) Il semble bien que, dès avant la législation de Moïse, il y avait en Israël un corps sacerdotal. « Que même les prêtres qui s'approchent de Yahveh, est-il dit au livre de *L'Exode* (ch. XIV, 22) se sanctifient de peur que Yahveh ne les frappe de mort. » Cependant, c'est surtout avec la législation lévitique, qu'apparaît dans toute sa grandeur et sa majesté le sacerdoce de l'Ancienne Alliance. En réglant avec minutie toute la liturgie des sacrifices, Moïse, sur l'ordre de Dieu, instituait de même la législation sacerdotale. La tribu de Lévi est exclusivement chargée du service de l'autel ; tous ses membres sont réservés aux fonctions sacrées. Dans cette tribu, une famille est choisie pour le sacerdoce proprement dit : c'est celle d'Aaron. Le chef de la famille est le Prêtre par excellence, le Grand-Prêtre, le Pontife ; les autres membres sont les prêtres inférieurs et le reste des lévites fournit les serviteurs et les aides. Yahveh avait dit à Moïse : « Attache-toi Aaron, ton frère, et ses fils, les séparant du milieu d'Israël pour qu'ils prennent charge de mon sacerdoce. » (*Exode*, XXVIII, 1; *Lévitique*, VIII, 1.) Et, dans une cérémonie solennelle, telle que le culte mosaïque n'en offrit pas de plus imposante, Aaron fut institué prêtre du Très-Haut.

Pour les Lévites, le Seigneur dit à Moïse : « Prends les Lévites du milieu d'Israël et purifie-les... Tu les mettras en présence d'Aaron et de ses fils et tu les consacreras comme les oblats du Seigneur... Tu les sépareras du reste du peuple pour qu'ils soient à moi... Et désormais, ils entreront dans le Tabernacle de l'Alliance pour Me servir... (*Nombres*, VIII, 6-13.) Ils seront mes prêtres à jamais... Tu les sanctifieras... Leurs mains seront consacrées... »

Et pour procurer cette sanctification, il y aura, sur l'ordre de Dieu, des ablutions saintes, des onctions sacrées. Après quoi seulement, ils recevront les pouvoirs sacerdotaux.

Ainsi, le prêtre de Yahveh sera, comme il

convient, un homme séparé des autres hommes, réservé au service de Dieu et officiellement chargé de représenter le peuple devant le Seigneur pour lui offrir des sacrifices : holocaustes, sacrifices d'expiation pour les péchés, hosties pacifiques.

En retour, « ils seront saints pour le Seigneur et ils ne souilleront pas son nom. » (*Lévitique*, XXI, 6-8.) Ils observeront dans une certaine mesure la continence; leur mariage sera soumis à des règles spéciales; ils garderont rigoureusement le rituel des purifications; ils ne prendront pas de vin quand ils devront entrer dans le sanctuaire et ils offriront le pain et l'encens.

« Ainsi ils seront saints. » (*Lévitique*, XXI, 6.)

Assurément le sacerdoce mosaïque ne manquait point de grandeur. C'est par une désignation divine que les charges sacrées étaient confiées à la tribu de Lévi. Les cérémonies de l'initiation revêtaient une magnificence et un symbolisme remarquables. C'est au seul vrai Dieu, Yahveh, que s'adressaient prières et sacrifices. Et quand le culte put être institué dans le temple de

Salomon, dont les proportions et la royale beauté laissaient loin de lui les plus fastueux édifices de l'Orient, ce devait être un spectacle étonnant de grandeur que celui du Grand-Prêtre pénétrant au saint des saints une fois l'an, tandis que les parvis sacrés s'embrasaient quotidiennement du feu des sacrifices.

Que nous sommes loin des errements du paganisme où de monstrueuses pratiques venaient souiller et corrompre les honneurs rendus à la divinité, « où tout était Dieu excepté Dieu lui-même », où le sacerdoce était avili par les passions mêmes qu'il honorait dans ses idoles.

Le culte de Yahveh était grand; ses sacrifices, splendides ; son sacerdoce, saint et respecté. Or, tout cela n'était qu'une figure et l'annonce prophétique de l'unique sacerdoce qui devait le remplacer pour toujours : le sacerdoce de Jésus-Christ, continué à travers les siècles et jusqu'à la fin du monde par le sacerdoce catholique. « C'est pourquoi le Christ dit en entrant dans le monde : « Vous n'avez voulu ni sacrifice, ni oblation, mais vous m'avez formé un corps; vous n'avez agréé ni holocaustes, ni sacrifices pour le péché. Alors j'ai dit : « Me voici (car il est question de moi dans le rouleau du livre), je viens, ô Dieu, pour faire votre volonté. »

Et l'auteur de l'*Épître aux Hébreux* fait lui-même le commentaire du psaume qu'il vient de citer :

« Après avoir commencé par dire : « Vous n'avez voulu et vous n'avez agréé ni oblations, ni holocaustes, ni sacrifices pour le péché » — toutes choses qu'on offre selon la loi, il ajoute ensuite : « Voici que je viens pour faire votre volonté. » Il abolit ainsi le premier point, pour établir le second. C'est en vertu de cette volonté que nous sommes sanctifiés par l'oblation que Jésus-Christ a faite une fois pour toutes, de son propre corps. » (*Épître aux Hébreux*, X, 5-11.)

Le voici donc le Grand-Prêtre de la Nouvelle Alliance. c'est Jésus lui-même offrant à Dieu le sacrifice de sa propre vie pour effacer le péché du monde et faire participer les hommes à la vie divine.

CHAPITRE II

LE SACERDOCE DU CHRIST SOURCE DU SACERDOCE CATHOLIQUE

Sommaire. — 1° Le sacerdoce catholique. Il se rattache au sacerdoce de Jésus-Christ. 2° Jésus-Christ constitué prêtre par l'Incarnation. 3° Le sacrifice de Jésus-Christ. 4° Excellence de ce sacerdoce.

Le sacerdoce catholique s'impose à notre attention avec une force qu'il est impossible de méconnaître.

Qu'il existe, personne assurément ne songe à le contester. Il s'offre aux yeux de tous comme un fait de notoriété publique. Partout on constate la présence du prêtre. Son habit même le distingue de la foule. Il parcourt les rues de nos cités; il sillonne nos campagnes; les plus humbles hameaux groupent leurs maisons rustiques autour du clocher, de l'église, du presbytère. Le prêtre est là. Dans la grande ville, les fidèles se retrouvent auprès du prêtre dans les magnifiques sanctuaires des centres aristocratiques, mais aussi dans les chapelles improvisées de la banlieue. On voit la soutane jusque dans les réduits les plus misérables; le vice et la dégradation morale ne rebutent point la charité sacerdotale. Le prêtre, il est partout où il y a une âme à régénérer et à sauver. Riches ou pauvres, instruits ou ignorants, fidèles ou négligents; il étend à tous une égale sollicitude, et son plus grand amour va aux plus délaissés parmi les hommes.

C'est dans l'univers entier que s'exerce la rayonnante influence du prêtre. Plus de trois cents millions de catholiques de tous pays, de toutes races, de toutes conditions se soumettent librement à son autorité et à son ministère. Sans cesse, il fait de nouvelles conquêtes. Le zèle des missionnaires ne se laisse rebuter par aucune difficulté, et chaque jour il pénètre plus avant chez les peuples retenus encore dans le paganisme.

Quand nous jetons un coup d'œil sur les

autres religions, nous assistons comme à un émiettement des forces humaines tendant au divin, et montrant, par la multiplicité même de leurs efforts divergents, leur radicale incapacité d'y atteindre. Dans le catholicisme, au contraire, nous voyons un sacerdoce un, vivant, sûr de lui-même, de sa doctrine, de ses moyens d'action, toujours rajeuni et fécond, toujours inlassable à poursuivre son œuvre.

Etant donnée la versatilité humaine, il y a dans ce fait quelque chose d'étrange et qui mérite une particulière attention. Et cela d'autant plus que les desseins de ce sacerdoce sont d'une audace de prime abord déconcertante. Il a la prétention de s'imposer à toutes les consciences avec une autorité que ne connaît nulle puissance humaine.

S'il est un sanctuaire secret, fermé, où nul œil étranger ne peut se flatter de porter un regard indiscret, où nul pouvoir terrestre n'a entrée libre, c'est bien celui de la conscience. Les hommes jugent les actes extérieurs; ils sont les policiers de l'honnêteté ou du crime; mais ils sont incapables d'en être les justes censeurs, impuissants qu'ils sont à pénétrer l'intime, à découvrir et à scruter l'intention dont procèdent les actes. C'est ce sanctuaire inviolable que le sacerdoce demande qu'on lui ouvre; il veut en connaître les secrets, il s'érige en juge des consciences et leur dicte des lois.

Plus encore : le prêtre catholique prêche une morale austère et qui contredit les passions humaines. Il enseigne le renoncement, la pénitence, la mortification. Il déclare une guerre sans merci aux trois grands attraits de l'homme : l'amour des richesses, la sensualité et l'orgueil. Et les commandements qu'il édicte doivent être la règle de la conscience avant de diriger l'action.

Cette morale de contrainte s'étaye d'ailleurs sur des réalités qui nous dépassent et que notre raison trop courte ne peut pas saisir en elles-mêmes, dans toute leur vérité.

Il semble que, devant de si ambitieuses prétentions, les hommes devraient se soustraire à son empire ! D'où vient donc qu'un si grand nombre se rangent sous son autorité et acceptent ses enseignements. Ce serait se tromper lourdement que de penser que cette attitude ne leur impose aucun sacrifice. Comme les autres, le catholique connaît les droits de son intelligence. Comme les autres, il est jaloux de son indépendance et de sa liberté; comme les autres, il sent l'appel des passions et éprouve leur attirance. Et pourtant, il accepte la loi morale que le prêtre lui propose, et il se soumet à ses enseignements. Et cela depuis des siècles. Des savants, des lettrés, des princes et des peuples s'imposent cette discipline. Pourrait-on supposer sagement qu'ils le font à la légère et sans de bonnes raisons ? Ce serait invraisemblable. Que quelques gens simples aient pu céder à l'entraînement, à l'éducation, à la nouveauté, c'est possible; mais que ce soit le fait du grand nombre, c'est inconcevable.

La vérité est tout autre. Ils ont reconnu que le sacerdoce catholique s'appuyait sur l'autorité même de Dieu, et raisonnablement ils n'ont pas pu lui refuser leur adhésion et leur obéissance. Ce sacerdoce, d'ailleurs, ne refuse point de présenter ses lettres de créance et les titres qu'il a à notre soumission. Il nous convie même à les examiner avec soin, sûr que de cette étude, pour tous les esprits droits, sortira la certitude de sa propre légitimité.

Si le sacerdoce catholique a une telle sécurité d'action, s'il use d'une autorité souveraine, s'il a une vitalité si puissante, c'est qu'il est le continuateur de Jésus et de son œuvre. Telle est la vérité centrale, fondamentale, dont tout le reste n'est qu'une conséquence.

Il y a près de deux mille ans, Jésus est né en Palestine. Il s'est dit le Fils de Dieu; il s'est dit Dieu. Il s'est dit le Messie, le Rédempteur venant sauver, par sa mort, l'homme de son péché. Il a prouvé la vérité de ses affirmations par sa vie, ses miracles, l'accomplissement des prophéties. Il a annoncé et opéré sa propre résurrection. Voilà le fait divin capital qui est à la base de la religion catholique.

Jésus a en outre, étant souverain prêtre, créé un sacerdoce qui continuerait son œuvre jusqu'à la fin du monde. Il lui a donné pour cela sa propre autorité divine, ses pouvoirs divins, la promesse de son assistance. C'est là un second fait, aussi indiscutable que le premier.

Enfin, le sacerdoce catholique n'est autre que ce sacerdoce établi par Jésus-Christ, et auquel il se rattache par un lien ininterrompu de vingt siècles de vie. Depuis le Christ jusqu'à nos jours, malgré quelques dissidences, il n'y a qu'un sacerdoce, celui du Christ, continué par les apôtres et perpétué par l'Église catholique. C'est celui-là même que nous voyons à l'œuvre au milieu de nous.

S'il a une telle origine, s'il a reçu de tels pouvoirs et de telles promesses, rien d'étonnant qu'il exerce un tel empire, qu'il recrute tant d'adhérents, qu'il exerce sur les âmes une autorité qui est l'autorité même de Dieu.

Ainsi, à considérer le sacerdoce dans le Christ, nous aurons la notion la plus exacte du sacerdoce catholique qui n'en est que la continuation jusqu'à la fin des temps.

Essayons de remonter à l'origine :

Le premier homme s'est révolté contre Dieu. Il est frappé de déchéance. Par solidarité, tous ses descendants naissent privés de la vie divine, qu'ils devaient posséder dès leur naissance, si leur père n'avait pas péché. Ils sont eux-mêmes souillés. La faute d'Adam, le premier homme, a infecté toute sa postérité. Les hommes, de plus en plus, se sont éloignés de Dieu. Ils ont perdu, avec l'amitié divine, le pouvoir même de reprendre cette vie surnaturelle dont ils sont maintenant privés. De la terre ne montent plus vers le Seigneur ces adorations et ces hommages que la créature sanctifiée devait adresser à son Créateur. Les victimes mêmes qui lui sont immolées ne lui sont plus agréables. C'est en vain que s'élève de la terre la fumée de l'encens, pendant que les autels sont souillés par les péchés de l'humanité. Et entre l'homme et Dieu il y a cet abîme : le péché. L'homme ne peut le franchir. Qui jettera un pont de l'une à l'autre rive? C'est Jésus-Christ, constitué médiateur entre la créature coupable et le Seigneur offensé. Il est le prêtre de la Nouvelle Alliance. Il vient pour offrir à Dieu, au nom de tous les hommes la réparation parfaite de leurs péchés, pour faire monter vers Lui une adoration digne de son infinie majesté, pour rendre aux pécheurs la vie surnaturelle de la grâce, et leur apporter l'assurance du bonheur éternel.

Ce sont là les fonctions essentielles du prêtre. Telles sont les prérogatives de Jésus.

Il est Dieu et homme dans l'unité d'une seule personne. Il est ainsi, par l'Incarnation même, constitué dans sa dignité sacerdotale. La rédemption par le sacrifice de la Croix marque le faîte de ce sacerdoce en même temps que son universelle fécondité. L'Eucharistie et l'Ordre sont l'ineffable continuation de l'unique sacrifice et de l'unique sacerdoce du Christ.

« Tout grand prêtre, pris d'entre les hommes, est établi pour les hommes en ce qui regarde le culte de Dieu, afin d'offrir des oblations et des sacrifices pour les péchés. » (*Épîtres aux Hébreux*, V, 1.) Le Christ réalise à merveille cette définition.

Il est pris d'entre les hommes. En s'unissant un corps et une âme semblables aux nôtres, il devenait véritablement l'un d'entre nous, notre vrai frère selon la chair. « Il a dû être fait semblable en tout à ses frères afin d'être un Pontife miséricordieux. » (*Épître aux Hébreux*, II, 17.) Entendons bien cette vérité. Le Christ était Dieu, puisqu'il affirmait sa divinité et la sanctionnait par des miracles, qu'il a établi une œuvre où, à chaque pas, apparaît la force divine. Il était bien homme celui qui venait ainsi au monde petit enfant, souffrait dans son corps, l'entretenait par de la nourriture, éprouvait dans son âme des sentiments humains. Oui, car « nous n'avons pas un grand prêtre impuissant à compatir à nos infirmités; pour nous ressembler il les a toutes éprouvées, hormis le péché » (IV, 15). Dieu et homme tout à la fois, dans l'unité d'une seule personne, c'est là la réalité admirable et unique de l'Incarnation, qui constitue le Christ dans sa dignité sacerdotale.

Qu'est-ce vraiment que le prêtre ? C'est un médiateur, un trait d'union vivant qui relie ces deux extrêmes : Dieu et l'homme. Ainsi, nécessairement distinct en quelque chose des deux termes à réunir, il faut que cependant il les touche pour pouvoir établir entre eux une communication réelle. Ce moyen terme entre la créature et le Créateur, c'est le Christ et lui seul.

.Nul autre, en effet, que Lui, ne porte en sa personne cette union admirable de la nature humaine et de la nature divine, le Fils de Dieu, ayant comme ravi sans l'altérer la nature humaine pour la soutenir dans sa propre personnalité. Dieu et homme tout ensemble, dans un être vraiment un, le

Christ est vraiment prêtre en sa qualité d'homme. Et c'est pour cela que le Christ vient à nous sous l'aspect d'un petit enfant, qui, aujourd'hui, pleure dans une crèche, et qui, demain, mourra sur le Calvaire, dans les affres de la crucifixion.

Mais cela ne semble pas suffisant encore. Ne faut-il pas que le prêtre soit un consacré? qu'il soit réservé, à un titre spécial, au service de Dieu? C'est l'évidence même. Et ce que nous venons de dire a déjà, en quelque façon, résolu ce problème. Prédestiné de Dieu à cette sublime fonction sacerdotale « le Christ ne s'est pas élevé de lui-même à la gloire du souverain pontificat; mais il l'a reçue de Celui qui lui a dit : « Tu es mon Fils, je t'ai engendré aujourd'hui », comme il dit encore dans un autre endroit : « Tu es prêtre pour toujours selon l'ordre de Melchisedech. » (*Épître aux Hébreux*, V, 5-7.) Mais si l'on demande par quel moyen cette vocation a été accomplie, et cette consécration sacerdotale, réalisée, il faut répondre : par cette union elle-même, qui le constituait Dieu-Homme, en vue de notre rédemption par le sacrifice de la Croix.

Quand un homme est constitué prêtre, il l'est par le rite sacramentel de l'imposition des mains; il est aussi oint d'huile sainte; et cette cérémonie traditionnelle, plus que toute autre, indique la consécration du sujet au Seigneur. Par le sacrement, il se produit dans l'âme un merveilleux changement qui la marque spirituellement d'un caractère sacré.

Pour le Christ, assurément, point n'était besoin de ce cérémonial que lui-même venait établir. Pour Lui, il fut ordonné prêtre au moment même de sa conception miraculeuse, quand la divinité prenait possession de son humanité, désormais sainte et réservée. Cet envahissement de Dieu élevait l'âme du Seigneur plus que toute consécration, et l'établissait dans sa dignité de suprême Pontife. Selon les Ecritures, le Christ est l'oint du Seigneur, et son nom n'a pas d'autre signification. Cette huile mystérieuse dont il fut oint, c'est l'Esprit Saint Lui-même. Par cette onction du Divin Esprit, Jésus-Christ est à la fois prophète, roi et pontife de la nouvelle alliance.

Voilà de bien grandes vérités; elles nous

feront mieux comprendre l'acte suprême de son suprême pontificat sur la terre : le sacrifice auguste de la croix; car en vérité, Jésus n'est Prêtre qu'en vue du grand sacrifice par lequel il doit racheter le monde, et dans lequel il est Victime en même temps que Pontife.

Pur et saint, le Christ est cependant couvert du péché de ses frères, il doit en répondre devant Dieu et en supporter la peine dans des sentiments d'amour et d'obéissance capables de désarmer sa colère. Le péché a amené sur le monde la douleur et la mort. Le créateur, dans sa bonté, avait écarté de l'homme ces fléaux; et l'homme, par sa désobéissance, les déchaîna sur lui. Innocent, Jésus ne devait point les connaître; il voulut cependant s'y soumettre par amour pour nous. Souffrir et mourir librement, c'était, pour le Christ, détourner sur lui-même le châtiment de notre péché à nous, devenir victime pour les pécheurs, et rétablir, par la sévérité de la justice, l'ordre violé par la licence du péché. Ce sacrifice ne pouvait pas ne pas être agréé de Dieu, puisqu'il était le fait de l'Homme-Dieu mourant et s'offrant en réparation dans des sentiments de charité indicibles. Il guérissait ainsi, par un acte d'amour infini, la blessure que la malice en quelque sorte infinie de l'homme avait faite à l'amour de Dieu.

Ainsi victime dans le sacrifice dont il est le prêtre, nous voyons notre Sauveur passer sa vie entière dans l'anéantissement d'un sacrifié, et achever son œuvre dans la plus humiliante des immolations. Il n'est pas douteux que notre salut ne doive être attribué à la Passion du Christ; mais, si la Passion a obtenu cet effet spécial que n'avaient pas eu les mérites précédents du Sauveur, à savoir la pleine et actuelle réconciliation de l'homme avec Dieu, ce n'est pas, dit Saint-Thomas d'Aquin (*Somme théologique* IIIa q. 48; a. 1 ; ad 3), que la charité du Christ y ait été plus grande, mais elle l'a animé dans un ouvrage auquel il avait plu à Dieu d'attacher cet effet, comme à une cause plus convenable ».

Le sacrifice suprême du Calvaire fut donc préparé par les anéantissements de toute sa vie.

Pour réparer le péché, le Christ prend une âme humaine, un corps humain; et, dans ce corps d'homme, il accepte de souffrir la douleur et la mort méritées par le péché de l'homme.

A cette même fin, il consent à naître dans une étable à Bethléem. Quelle misère pour le Fils de Dieu : un peu de paille, la compagnie des animaux, une grotte froide et dénudée. Les hommes n'ont pas voulu de lui; les hôtelleries se sont fermées devant la pauvreté de Joseph et de Marie; ce sont un peu des vagabonds, et on les éconduit. Voilà, ce qu'à sa naissance, Jésus a offert à Dieu pour le salut de ses frères.

Il offre, de même, sa fuite en Égypte et son exil, les privations du voyage, les peines de Joseph, les angoisses de Marie.

De retour dans sa patrie, c'est le sacrifice de sa vie journalière de pauvre ouvrier; ses travaux et ses sueurs alimentent sans cesse la flamme d'amour et de dévouement qui embrase son cœur.

Vienne la vie publique; et nous voyons Jésus, pendant trois ans, parcourir la Galilée et la Judée, semant partout la bonne nouvelle, prêchant le royaume de Dieu, guérissant les malades, ressuscitant les morts, n'ayant pas lui-même une pierre où il pût reposer sa tête. Il commence ainsi la grande pérégrination qui doit se terminer au Calvaire.

Voici le dernier acte de la mission sacerdotale de Jésus sur la terre. Qui peut, sans frémir, lire dans le saint Évangile, le récit douloureux de l'agonie au jardin des Oliviers? Pris d'une terreur mortelle, d'un effroyable dégoût à la vue de la mort qui approche et des innombrables péchés dont il porte devant Dieu la responsabilité, il tombe comme écrasé sur le sol; le sang ruisselle; il voudrait se retirer, éloigner le calice. Il se reprend : « Mon Père, dit-il, que votre volonté se fasse et non pas la mienne » (Luc, XXII, 42). Sublime acceptation de la justice divine, et charité infinie d'un Dieu qui reçoit volontairement à notre place la peine de notre faute. Et après cette scène, c'est la trahison de Judas qui, par un baiser, le livre à ses ennemis; c'est ce drame épouvantable où il est traîné comme un bandit d'Anne à Caïphe, à Hérode, à Pilate. La valetaille s'en fait un objet de risée et de cruel amusement. On le soufflette, on le couronne d'épines; on fléchit devant lui le genou! « Salut Roi des Juifs. » (Matth., XXVII, 29.) On le couvre d'une pourpre ridicule; on lui met à la main un roseau en guise de sceptre. Il laisse faire et il se soumet.

Devant Pilate, ses ennemis insistent : « Crucifiez-le ; Crucifiez-le ! » (Luc, XXIII, 21.) Le gouverneur n'a pas le courage de résister à la pression populaire. Il reconnaît l'innocence de l'accusé. Que faire ? Il tâchera du moins d'exciter la pitié de ses ennemis. Il le fait flageller. Sous les fouets son sang coule : la chair du Sauveur est déchirée; les lambeaux en tombent sur le sol; ses os sont à nu. Dans cet état il est présenté au peuple : « Voilà l'homme! » (Jean, XIX, 5.) Ah Seigneur! oui le voilà! ainsi déchiqueté par les péchés des hommes! Et la foule reprend: « Crucifiez-le! » Il ne lui reste plus qu'à prendre sa croix et à monter au calvaire.

Comme Isaac, Jésus porte le bois de son sacrifice. Douloureusement, péniblement, escorté des soldats et d'une foule hurlante, il gravit les pentes de la colline. Il tombe, il se relève; il tombe encore. Des cris, des coups de fouets ; il faut marcher. Épuisé, il arrive au lieu de l'exécution. C'est là que le Souverain Prêtre va consommer son sacrifice.

Les bourreaux arrachent les habits du Sauveur et le clouent au bois infâme de la croix. Deux voleurs sont crucifiés à ses côtés. Pendant de longues heures, dans d'indicibles tourments, les membres disloqués, tout son corps n'étant plus qu'une plaie, suffoquant de soif et de dégoût, Jésus attend la mort. Dieu même semble le rejeter et Il s'écrie : « Mon Père, mon Père, pourquoi m'avez-vous abandonné ? » Voilà l'œuvre de l'homme; n'accusons point la justice de Dieu! C'est volontairement que Jésus se soumet à la mort qui est justice, pour l'offrir à Dieu en réparation de nos péchés. Et c'est en cela même qu'il accomplit son grand acte sacerdotal. Cette heure d'angoisse, Jésus l'avait désirée d'un grand désir; son Incarnation n'avait été qu'en vue de cette rédemption douloureuse.

Or, tandis que les bourreaux accomplissent leur œuvre de mort, Jésus Prêtre fait au Seigneur l'oblation de son sang. Il ne s'immole pas lui-même; mais, libre de sa vie et de sa mort, il permet qu'on la lui ôte, il la donne, acceptant volontiers de mourir pour reconnaître la justice de Dieu, pour réparer le péché qui a mérité la mort, sauver tous les hommes ses frères, leur donner la grâce et la vie éternelle.

Par cet acte, le plus grand que la terre ait jamais vu, l'homme est réconcilié avec Dieu. Le Christ Souverain prêtre, par son infinie charité, a fait agréer le sacrifice de l'humanité entière, s'immolant en quelque sorte en lui-même, rejetant son péché, l'expiant pour reconnaître l'inaliénable domaine du Créateur sur sa créature.

Les voilà bien réunis ces deux extrêmes que le péché avait séparés : Dieu et l'homme. Le Christ s'immolant pour nous dans le sacrifice de la Croix, et s'offrant à Dieu, est ainsi non seulement la victime de notre salut, mais encore l'unique prêtre du sacrifice de la nouvelle alliance. Même dans le sacrifice eucharistique, ce sera encore, immolée d'une façon mystique, la même victime offerte par le même Prêtre en la personne de ses ministres.

Tel est le sacerdoce de Jésus-Christ : « Parce qu'il demeure éternellement, il possède un sacerdoce qui ne se transmet point. De là vient aussi qu'il peut sauver parfaitement ceux qui s'approchent de Dieu par Lui, puisqu'il est toujours vivant pour intercéder en leur faveur. » (*Épître aux Hébreux*, VII, 24-25.)

Qui pourra bien faire comprendre la dignité et l'excellence d'un tel sacerdoce ? C'est là une réalité divine dont nous ne pouvons que balbutier.

Nous voici comme aux antipodes des sacerdoces païens tout contaminés d'erreurs monstrueuses et de ridicules cérémonies.

Que nous sommes loin aussi du sacerdoce judaïque où, sous une multitude de rites, et dans la majesté des sacrifices, accomplis par les prêtres de la tribu de Lévi, nous ne retrouvons qu'une figure impuissante du véritable sacerdoce.

Celui de Jésus-Christ est grand par la Personne divine de Celui en qui il réside. Par l'Incarnation elle-même, le Sacerdoce est l'une des prérogatives essentielles de l'Homme-Dieu qui, sans effort, peut ainsi mettre l'homme en communication avec le Tout-Puissant.

Le Sacerdoce du Christ est grand de la grandeur même du sacrifice qui est par lui offert au Seigneur. Et quel est ce sacrifice ? celui du corps et du sang du Christ en personne qui est, par le fait même, la victime du sacrifice nouveau. Victime d'un prix infini dont la volonté accepte avec amour et offre à Dieu la mort qu'on lui inflige : « C'est pour cela, dit-il, que mon Père m'aime; parce que je donne ma vie pour la reprendre. Personne ne me la ravit; mais je la donne de moi-même. » (Jean, X, 18.)

Toutes les autres victimes disparaissent auprès de celle-là, qui non seulement représente l'humanité, mais encore est cette humanité même en ce qu'elle a de plus beau, de plus grand, de plus saint. L'humanité de l'Homme-Dieu, c'est, en elle, tous les hommes qui sont offerts à Dieu. Seul le sacerdoce d'une Personne divine pouvait offrir une telle victime.

Grand encore ce sacerdoce, il l'est par son efficacité. Lui seul relie réellement la terre au ciel, en faisant monter vers Dieu une adoration vraiment digne de la majesté infinie, une réparation totale pour les péchés de l'humanité entière, un remerciement agréable à l'Auteur de tous les biens, une prière qui fera descendre sur les hommes de nouveaux bienfaits. C'est de ce sacrifice et de ce sacerdoce, que nous viennent tous les biens surnaturels dont nous sommes comblés. Par lui, la grâce nous est donnée, l'amitié de Dieu nous est rendue et les cieux nous sont de nouveau ouverts. Tous les sacrements, canaux divins par où nous arrive la grâce, prennent leur source au pied de la Croix. Et, en rendant le dernier soupir sur son gibet d'infamie, Jésus pouvait s'écrier en toute vérité : « Tout est consommé! » Oui, son œuvre sacerdotale s'affirmait alors dans toute sa plénitude et dans sa puissance infinie. Ce centre immuable de toute l'économie chrétienne fait rayonner autour de lui la lumière et la vie.

Du haut du ciel, le Christ toujours vivant ne cesse d'intercéder pour nous et son sacerdoce dure éternellement. Et quand le sacrifice de la terre aura cessé, il continuera encore et sans fin son sacrifice d'adoration. Aussi, l'unique sacerdoce de Jésus-Christ ne saurait être remplacé; et si, maintenant, des prêtres se succèdent sur la terre, tous cependant participent à son sacerdoce unique qu'ils continuent. C'est à cette source jamais tarie que s'alimente le sacerdoce de tous les ministres sacrés. Cette prodigieuse fécondité du sacerdoce du Christ en manifeste à tous la divine excellence. Et le sacrement de l'Ordre qui configure les ministres terrestres au Christ-Prêtre, prend lui-même sa source au Cœur de Jésus s'offrant en victime pour nous. Magnificence ineffable du sacerdoce catholique qui n'est que la continuation et la manifestation à travers les âges de l'éternel sacerdoce du Christ.

CHAPITRE III

L'INSTITUTION DU SACERDOCE CATHOLIQUE

Sommaire. — 1° Jésus voulant communiquer son sacerdoce choisit les apôtres ses futurs prêtres. 2° Formation des apôtres et divines promesses. 3° Institution du sacrifice eucharistique et du sacrement de l'Ordre. 4° Jésus complète son œuvre.

Jésus ne devait point garder pour Lui seul son sacerdoce; Il voulut, au contraire, y faire participer d'autres hommes qui, jusqu'à la fin des temps, continueraient sur la terre sa propre mission. Ils seraient prêtres par participation à son propre sacerdoce, toujours unique même sous la multitude des ministres. Comme Lui, ils feraient monter vers Dieu les adorations désormais sanctifiées de la terre entière; ils offriraient le sacrifice de l'Eucharistie où Jésus, par leur ministère, s'immole d'une manière non sanglante et s'offre à Dieu pour nous appliquer les mérites de son sacrifice sanglant.

C'était, de la part de Jésus, une immense marque d'amour. Pouvait-on rêver une plus grande chose. Était-elle même vraiment possible? Assurément, nulle puissance humaine n'aurait pu la réaliser; nul esprit humain n'aurait pu la concevoir. Mais ce qui est impossible à l'homme est un jeu pour le Tout-Puissant. Et il n'est pas d'invention que l'amour du Dieu fait homme n'ait su trouver pour nous manifester son immense charité. Ayant résolu de demeurer avec ses frères sous la forme eucharistique, il voulut en même temps transmettre son sacerdoce par le sacrement de l'Ordre. Et ainsi, son sacerdoce se perpétuerait sur la terre comme son sacrifice, et les prêtres ainsi créés en seraient les ministres.

Le Christ, donc, inaugurant sa vie publique, commença la prédication du royaume de Dieu sur les bords du lac de Tibériade. Capharnaüm, au nord-ouest du lac (aujourd'hui Tell Hum ou, selon d'autres, Ain Tabigha), était le centre de ses pérégrinations apostoliques...

Voyant dans l'avenir la société qu'il voulait fonder, et à laquelle il confierait son sacerdoce, il ne tarda pas à se choisir des coopérateurs.

Un jour que, sur le bord des eaux, les foules le pressaient, avides d'entendre sa parole, Jésus monta dans la barque d'un pêcheur. C'était celle de Pierre. A lui et à son frère André, Jésus dit : « Venez après moi et je ferai de vous des pêcheurs d'hommes. » Et eux, quittant leurs filets, le suivirent. Un peu plus loin, le Seigneur trouva les deux fils de Zébédée: Jacques (le Majeur) et Jean. Il les appela aussi. Et eux, aussitôt, comme les premiers « quittèrent leurs filets pour le suivre. Ils laissaient même dans la barque leur vieux père avec les mercenaires qui les aidaient. » (Matth., IV, 18-22; Marc, I, 16-28; Luc, V, 1-11.)

C'était le premier groupe de ses futurs prêtres. Celui dont Jésus avait emprunté la nacelle, devait être le chef de son Église. Il préludait par la pêche miraculeuse à son rôle de « pêcheur d'hommes » prédit par le Sauveur.

Et Jésus, continuant ses prédications, enseignait à Capharnaüm et dans les environs. Il guérissait les démoniaques, les paralytiques et les lépreux. Une grande foule s'empressait autour du nouveau prophète et s'attachait à ses pas. Le Maître, brisant déjà les cadres du judaïsme, appelait à son royaume les Samaritains (Jean, IV), et prenait à ses bureaux le publicain Lévi pour l'attacher à sa personne. Ce n'était là qu'un commencement; il allait compléter bientôt son collège apostolique et sacerdotal.

L'heure était grave. S'étant, pour quelque temps, soustrait à ses ennemis et renfermé dans le silence, le Sauveur sortit enfin de sa retraite, et il alla sur « la montagne » qui n'est pas autrement désignée dans le saint Évangile. Il passa la nuit en prière et le lendemain, usant de toute son autorité divine, voyant la foule qui l'entourait, il choisit douze de ses disciples pour en faire ses « Apôtres », ses premiers prêtres.

Plusieurs avaient déjà été choisis. Simon savait que désormais il serait « Céphas » la « Pierre » sur laquelle Jésus établirait le magnifique édifice de son Église. Il sera dorénavant nommé à part, le premier; il sera le chef.

A côté de lui, c'est André son frère, Jacques (le Majeur) et Jean, tous deux fils de Zébédée, Philippe, de Betzaïde comme Pierre et André. Barthélemy ou Nathanael ; Thomas ou Didyme, Matthieu ou Lévi, Jacques, fils d'Alphée (le Mineur), Jude ou Thadée son frère, Simon, dit le Zélote, et enfin Judas, dit l'Iscarioth ou de Querioth.

Tels sont les douze premiers élus du Seigneur. Mais s'ils sont discernés de la foule, ils ne sont point prêts encore à porter le fardeau du sacerdoce.

Le Sauveur semble avoir consacré à la formation de ses Apôtres le meilleur de son temps et tous les trésors de son Cœur. Sans doute, il a enseigné les foules ; il a semé sur ses pas les bienfaits et les miracles, et, tout cela, pour accréditer auprès des hommes sa parole, sa mission, sa personne. Mais son œuvre par excellence semble bien avoir été la formation de ses prêtres. C'étaient des hommes pauvres, sans autorité ni culture, mais vertueux et loyaux, qui, dans la simplicité de leur cœur, apportaient au Maître un dévouement absolu. Ils étaient imbus des

préjugés de leur race et se faisaient d'é-
tranges illusions sur le rôle du Messie.

Pour les préparer à leurs fonctions, Jésus
leur prêcha d'abord, à eux, comme d'ailleurs à la foule, le nouveau code de son
royaume. Bienheureux les pauvres, les
doux, les affligés, les affamés de justice, les
miséricordieux, les cœurs purs, les pacifiques, les persécutés. Ce sont tous les divins
enseignements du discours sur la montagne.
Et aux Apôtres le Maître dit : « Vous êtes
le sel de la terre... Vous êtes la lumière du
monde. » (Matth., V, 13-16.) Ils iront donc
au milieu de ce monde sans bâton ni besace,
confiant dans la divine Providence qui nourrit les petits oiseaux et vêt le lis des champs
de sa magnifique parure. Plus que les
autres, ils devront d'abord chercher le
royaume de Dieu, et tout le reste leur sera
donné par surcroît. Le Maître leur recommande de prêcher d'abord aux Juifs, puis
aux Samaritains et aux Gentils; Il leur
donne le pouvoir de faire des miracles; mais
ils devront donner gratuitement ce qu'ils
ont reçu gratuitement. Et déjà leur ministère s'annonce comme un ministère de sacrifice! car ils seront envoyés comme des brebis

au milieu des loups. « Ils partirent et prê-
chèrent la pénitence. Ils chassaient beaucoup de démons, oignaient d'huile beaucoup de malades et ils les guérissaient. »
(Marc, VI, 13.)

Ce n'était là qu'une préparation lointaine. Par de solennelles promesses, Jésus
ouvre sur l'avenir de magnifiques perspectives. C'est à Pierre d'abord qu'Il les fait,
après son énergique profession de foi dans
les plaines de Philippe :

« Tu es le Christ, le Fils du Dieu vivant »,
avait dit Pierre. Et Jésus de reprendre :

« Je te dis que tu es Pierre, et, sur cette
pierre, je bâtirai mon Église. Et les portes
de l'enfer ne prévaudront pas contre elle.
Et je te donnerai les clefs du royaume des
cieux. Et tout ce que tu lieras sur la terre
sera lié dans le ciel, et tout ce que tu délieras sur la terre sera délié dans le ciel. »
(Matth., XVI, 18-19.)

Ces dernières paroles, le Christ les adresse
encore aux Apôtres réunis : « En vérité, je
vous le dis, tout ce que vous lierez sur la
terre, sera lié dans le ciel ; et tout ce que
vous délierez sur la terre sera délié dans les
cieux. » (Matth., XVIII, 18.)

Promesses magnifiques; la réalité devait être plus belle encore. Souvent, sur la terre, les fleurs toutes gonflées de sève et d'espérance se déssèchent et meurent avant d'avoir donné leur fruit. Ici les fruits dépassent toutes les promesses de la fleur.

En instituant la Sainte Eucharistie, qui est son sacrifice sous une forme sacramentelle, Jésus allait donner à ses Apôtres, désormais ses prêtres, le pouvoir auguste de reproduire cette ineffable merveille.

Pour être fidèle jusqu'au bout à la loi mosaïque et aussi pour remplacer lui-même la figure par la réalité, Jésus avait fait préparer sa Pâque par ses Apôtres. Et « comme ils mangeaient encore, Jésus prit du pain, le bénit, le rompit et le leur donna en disant : « Prenez; ceci est mon corps. » Et prenant la coupe. Il rendit grâces et Il la leur donna et ils en burent tous. Et Il leur dit : « Ceci est mon sang, le sang du nouveau testament qui sera répandu pour plusieurs. » (Marc, XIV, 22). Saint Matthieu reproduit les mêmes paroles; saint Luc pareillement; mais il ajoute quelques mots, omis par les autres historiens de Jésus, et qui ont, pour notre sujet, une importance considérable.

Ayant opéré le prodige par lequel Jésus-Christ devient véritablement présent à la place du pain et du vin, dont il ne demeure que les espèces ou apparences, le sauveur ajouta :

« Faites ceci en mémoire de Moi. » (Luc, XXII, 19.)

Et l'apôtre saint Paul, directement instruit de Dieu sur ces grandes vérités est encore, s'il se peut, plus explicite :

« Pour moi, dit-il, j'ai reçu du Seigneur ce que je vous ai transmis, savoir que le Seigneur Jésus, dans la nuit où Il fut livré, prit du pain, et après avoir rendu grâces, le rompit et dit : « Prenez et mangez ; ceci est mon corps qui sera livré pour vous ; faites ceci en mémoire de moi. » De même, après avoir soupé, il prit le calice et dit : « Ce calice est la nouvelle alliance en mon sang ; faites ceci, toutes les fois que vous en boirez, en mémoire de moi. » Car toutes les fois que vous mangez ce pain et que vous buvez ce calice, vous annoncez la mort du Seigneur jusqu'à ce qu'il vienne. C'est pourquoi, celui qui mangera le pain ou boira le calice du Seigneur indignement sera coupable envers le corps et le sang du Seigneur. Que chacun donc s'éprouve soi-même et qu'ainsi il mange de ce pain et boive de ce calice. » (*Première Épître aux Corinthiens*, XI, 23-28.)

Le Concile de Trente (Session XXII; ch. I et II) écho de toute la tradition chrétienne et interprète autorisé de l'Écriture en fait ainsi le commentaire :

« ... A la dernière cène, la nuit où on le livrait, pour laisser à son épouse bien-aimée, l'Église, un sacrifice visible, tel que notre nature ou notre condition humaine l'exige, un sacrifice représentant et rappelant jusqu'à la fin des siècles l'oblation sanglante une fois accomplie à la croix, et nous en appliquant la vertu salutaire pour la rémission de nos péchés quotidiens, Jésus se déclarant le prêtre éternel selon l'ordre de Melchisédech, offrait à Dieu le Père son corps et son sang sous les espèces du pain et du vin; sous ces mêmes symboles, il se donna en communion aux Apôtres qu'il constituait alors prêtres du Nouveau Testament et enfin, selon que l'Église l'a toujours compris et enseigné, il commanda aux apôtres et à leurs successeurs dans le sacerdoce d'offrir ce même sacrifice quand il leur dit : « faites ceci en mémoire de moi... »

Le Christ institua-t-il à ce moment même le rite du sacrement de l'Ordre, par lequel le sacerdoce était destiné à se transmettre de génération en génération, c'est possible; mais nous n'en avons aucune indication dans l'Évangile. Quoi qu'il en soit, le Christ, par ces simples paroles, pouvait donner à ses apôtres toutes les prérogatives et les grâces du sacerdoce. Il leur en donna certainement le pouvoir essentiel. Dès ce jour, comme le Christ en personne, ils peuvent consacrer son corps et son sang; ils peuvent, comme Lui, l'offrir en sacrifice; ou plutôt, par leur ministère, Jésus-Prêtre continuera à s'immoler d'une façon mystique sur l'autel et à s'offrir à Dieu pour que nous soient appliqués les mérites et toute la vertu du sacrifice sanglant de la Croix.

Ces réalités ineffables ne se peuvent point saisir dans tout leur sens profond, par notre raison; volontiers, nous nous laisserions aller à dire comme les premiers disciples à l'annonce que Jésus faisait de la sainte Eucharistie : « que ces paroles sont dures à admettre! »

Assurément, mais celui qui créa l'univers, qui le remplit de sa magnificence et de sa fécondité, qui fait luire le soleil sur nos têtes et germer le grain de blé dans le sillon, qui permet à la plante de s'assimiler les sucs de la terre, et à nos organismes, de s'incorporer ceux du froment, ne pourrait-il donc pas changer ce pain en son corps et en son sang? Ne pourrait-il donc pas donner à qui il lui plaît cet extraordinaire pouvoir? Ces paroles sont difficiles à admettre ! Sans doute, mais notre vie elle-même n'est-elle pas une énigme ? Et si un Dieu est descendu du ciel pour l'augmenter encore de sa vie divine, est-il étonnant qu'il donne à d'autres hommes, à ses prêtres, le pouvoir de nous la communiquer ? Pour qui connaît un peu l'amour immense de Dieu pour nous, il y a là non de quoi le faire hésiter, mais de quoi le faire bondir de reconnaissance. Un Dieu devenant homme, lui-même s'immolant pour nous sur la croix, restant au milieu de nous pour être notre victime et notre nourriture, donnant à des hommes le pouvoir de continuer ces mêmes choses, ce sont autant de merveilles d'amour qu'il nous faut aimer pour les bien comprendre.

C'est cela même que le Christ a fait pour ses apôtres. Il les a constitués ses prêtres en leur disant : « Faites ceci (le sacrifice eucharistique) en mémoire de moi. » Il leur donnait par là pouvoir sur son propre corps qu'il remettait, pour ainsi dire, à leur discrétion. Et c'était en vérité le pouvoir central et essentiel du sacerdoce catholique que le Christ venait d'instituer.

Cependant, après sa résurrection glorieuse, le Christ voulut compléter solennellement son œuvre et donner à ses prêtres des pouvoirs plus étendus encore. Il réaliserait ainsi à la lettre les promesses qu'il avait autrefois faites à ses apôtres.

Le prêtre est constitué afin de pourvoir non seulement à la gloire de Dieu, mais encore au bien spirituel des âmes; Il allait maintenant donner à ses apôtres le pouvoir merveilleux de les sanctifier. C'est l'apôtre saint Jean (XX, 19-23) qui nous a conservé le récit de cette scène mémorable :

« Le soir de ce même jour (de la résurrection), écrit-il, le premier de la semaine, les portes du lieu où se trouvaient les disciples étant fermées, parce qu'ils craignaient les juifs, Jésus vint, et se présentant au milieu d'eux, il leur dit : « Paix avec vous! » Ayant ainsi parlé, il leur montra ses mains et son côté. Les disciples furent remplis de joie en voyant le Seigneur. Il leur dit une seconde fois : « Paix avec vous! Comme mon père m'a envoyé, moi aussi je vous envoie. » Après ces paroles, il souffle sur eux et leur dit : « Recevez l'Esprit-Saint. Ceux à qui vous remettrez les péchés, ils leur seront remis; et ceux à qui vous les retiendrez, ils leur seront retenus. »

A ce moment même, les Apôtres sont investis de la mission sacerdotale de remettre les péchés. S'il est, certes, un pouvoir divin, c'est bien celui-là. Qui peut, en effet, pardonner une offense faite à Dieu, sinon Dieu Lui-même ? Et voilà que le Christ en confie la délicate mission à ses prêtres. Il est venu pour effacer les péchés des hommes ; le prêtre est désormais établi comme le juge des consciences pour pardonner aux âmes repentantes et ramener les autres à la pénitence. C'est là un pouvoir singulier et unique qui scandalise certaines âmes et qui révolte leur indépendance. Il n'en est pas cependant, qui montre mieux que celui-là, l'immense amour de Jésus-Christ pour nous; il n'en est pas qui montre mieux, que le ministère sacerdotal est avant tout un ministère de miséricorde et de bonté.

Faut-il rappeler enfin comment, avant de remonter aux cieux, dans sa glorieuse ascension, Jésus donna ses dernières consignes et ses suprêmes pouvoirs à ses ministres ? C'est par là que saint Matthieu termine son Évangile. « Les onze disciples s'en allèrent en Galilée, sur la montagne que Jésus leur avait désignée. En le voyant, ils l'adorèrent; mais quelques-uns hésitaient à croire. Et Jésus s'approchant, leur parla ainsi : « Toute puissance m'a été donnée dans le ciel et sur la terre. Allez donc; enseignez toutes les nations, les baptisant au nom du Père et du Fils et du Saint-Esprit, leur apprenant à garder ce que je vous ai commandé : et voici que je suis avec vous tous les jours jusqu'à la fin du monde. »

Que de choses en ces simples mots. Ils s'en iront donc à travers le monde, les prêtres de Jésus-Christ, avec la même autorité que Lui. Ils ont une mission divine qu'aucune puissance humaine ne pourra jamais arrêter. Ils s'en iront, porteurs de la bonne nouvelle, enseigner toutes les nations de la terre, dispenser les grâces du baptême et de tous les sacrements qui sont nés du sacrifice du Calvaire.

Et que voici de consolantes paroles : « Je suis avec vous jusqu'à la fin du monde. » Quand vous enseignerez, je serai avec vous pour vous garder dans la vérité ; quand vous administrerez les sacrements, je serai avec vous pour sanctifier les âmes et leur donner cette vie éternelle que je suis venu leur apporter.

Et les apôtres pourront disparaître, d'autres prêtres, jusqu'à la fin du monde, opéreront les mêmes prodiges de grâce et de sanctification. Ce n'est pas pour un temps, que le Christ est venu sur la terre. Jusqu'à la fin du monde, il est notre Emmanuel, le Dieu avec nous. Il veut y rester dans l'Eucharistie ; il faut pareillement qu'il demeure par son prêtre qui est le ministre de son sacrifice et de ses sacrements. En vérité, aussi longtemps qu'il y aura sur la terre des âmes à sauver, le ministère du prêtre ne cessera d'être nécessaire. C'est donc jusqu'au bout, que, par lui, s'offrira le sacrifice du Christ et que seront répandus sur les âmes les fruits de la Rédemption. Toujours l'Église gardera sa divine fécondité et du milieu de ses enfants, se lèveront de nouveaux apôtres qu'elle investira des divines prérogatives sacerdotales et qui s'en iront porter à d'autres la vérité et la vie divine.

CHAPITRE IV

LA VOCATION AU SACERDOCE (1)

SOMMAIRE. — 1º Il y a une vocation au sacerdoce. 2º Fausses conceptions de la vocation. 3º La vocation est une grâce de Dieu. 4º Les aptitudes naturelles et surnaturelles consacrées par l'appel des Supérieurs hiérarchiques.

Pour l'institution de son sacerdoce et le choix de ses prêtres, Jésus agit avec une sagesse qui n'est point à notre mesure et qui dépasse notre pauvre prudence humaine. Cependant, même pour ces cas extraordinaires, il y a, à l'origine d'une telle élévation, une faveur singulière, la grâce de la vocation. Rien d'étonnant à cela, certes, si l'on considère que le Christ lui-

(1) Voir notre *Petit manuel théologique et pratique de la Vocation* (chez Blot).

même, pour autant qu'il est pris d'entre les hommes, fut l'objet de cette prévenance et de cette prédilection.

Il en fut de même des apôtres. Notre esprit ne saisit point sur quelles raisons se fondait l'appel du Christ à ces pauvres hommes de Galilée. Tout semblait les écarter de ces sublimes fonctions et de ces charges redoutables ; leur naissance, leur éducation, leurs travaux. La volonté du Maître les désignait cependant, pour réaliser librement les décrets providentiels qui les prédestinaient à l'apostolat et au sacerdoce.

Admirable Providence qui s'étend à tous les êtres et qui les couvre de son ombre! Dieu qui les a créés les gouverne tous avec une souveraine sagesse. Il prend soin de toutes choses. C'est de Lui que le lis des champs reçoit sa parure, et le petit oiseau, le grain qui le nourrit. Il compte tous les cheveux de notre tête et pas un ne tombe sans sa permission. Il est le maître des événements; il tient dans sa main les lois de la nature, la volonté libre de l'homme. C'est Dieu qui lui assigne une fin dernière et lui marque le chemin pour y parvenir. C'est Dieu qui le soutient et le porte dans les efforts qu'il doit faire pour y atteindre. Merveilleuse sollicitude du Créateur. Tous les êtres sont dans son amoureuse emprise, et cela d'autant plus, qu'ils sont destinés à de plus hautes fonctions et à des charges plus considérables.

Qui ne voit que c'est de Dieu même que vient la volonté de s'enrôler dans la milice des prêtres de Jésus-Christ. A chaque prêtre, le Christ pourrait dire ce qu'il disait à ses apôtres : « Ce n'est pas vous qui m'avez choisi, mais c'est moi qui vous ai choisis. » (Jean, XV, 16.)

La vocation, quelle réalité consolante! mais combien grossièrement déformée quelquefois. Ces idées bizarres ont pour origine la conception tout à fait fausse que l'on se fait du sacerdoce lui-même. Beaucoup ne voient en lui qu'une carrière libérale honorable, digne de respect, mais, en somme, peu lucrative et peu en rapport avec la préparation longue et coûteuse qu'elle exige. Cette estimation de la vie sacerdotale par sa valeur commerciale ou industrielle est, de toutes, la plus vulgaire. Elle juge, non point le sacerdoce, mais l'esprit mercantile de qui la professe. A ce compte, comment parler de vocation! Ce serait, à tout coup, comme par une mauvaise spéculation que quelqu'un tendrait au sacerdoce. Et l'on dira : c'est bien; mais, intelligent comme il était, ce jeune homme aurait pu trouver quelque chose de mieux.

D'autres personnes ne voient dans la vocation que la suite d'une illusion brisée, le résultat d'une espérance déçue, le fruit d'une sentimentalité morbide ou l'aboutissement d'un enthousiasme irréfléchi.

Ce jeune homme a une sensibilité toute vibrante; il voit la vie en beauté... Poète, il s'est laissé séduire par le rythme majestueux des psaumes et des hymnes sacrés. Il a peut-être aperçu, dans le chœur d'un monastère, les moines hiératiques chantant de leurs voix graves les louanges de Dieu. Il les a vus s'incliner, comme sous la bénédiction d'une main invisible, aux Gloria Patri adorateurs. Sous ces bures blanches, noires ou brunes, il a entendu battre un cœur généreux et tout plein d'idéal. Et il s'est laissé prendre à l'appel enchanteur du mystère et de l'inconnu. Artiste, il a entendu, dans la pénombre toute parfumée d'encens, l'ardente ou douloureuse symphonie de l'orgue

« *(qui) porte en saints élans à la divinité*
« *l'hymne de la nature et de l'humanité.* »

(LAMARTINE.)

Et à travers ces sanglots, ces gémissements et ces chants de triomphe, il a senti en lui-même comme un saint frémissement qui l'appelait à se donner à une religion si belle puisqu'elle a inspiré de telles splendeurs.

Ou encore, comme d'autres, il a été enthousiasmé par le jaillissement de pierre des vastes nefs, l'élan des piliers qui, montant de la terre, vont s'épanouir là-haut en gracieuses ogives, comme si le ciel se penchait vers la terre pour l'appeler à lui. Il a été ébloui par le feu des verrières, subjugué par les majestueuses cérémonies de la liturgie sacrée. Et ainsi il a été la victime de sa sensibilité et de son cœur généreux.

Pour beaucoup, la vocation, ce n'est pas autre chose. C'est un je ne sais quoi, d'indéfinissable et d'insaisissable, qui émane naturellement du tempérament, de la sensibilité, des tendances irraisonnées de l'âme, et pousse l'homme, par une sorte d'exaltation maladive, vers l'objet de ses rêves et de ses convoitises.

Et après tout, n'est-ce pas ainsi qu'il faut juger de tout ce qui est sentiment religieux? Rêve de poète, attrait mystérieux que déclenche une puissante émotion.

La vocation ne serait-ce pas encore comme une sorte de suggestion? Le père, la mère, un prêtre, des éducateurs ont inculqué à une jeune âme cette idée du sacerdoce et sans s'en douter l'enfant l'a acceptée, se l'est incorporée. Il veut maintenant être prêtre parce qu'il a été comme imbibé de cette préoccupation. Sa sensibilité, à lui aussi, aidant, il n'a pas su résister à l'impérieuse volonté d'autrui qui s'est imposée sous prétexte d'éducation; il a cédé à l'entraînement, à de vains désirs. Fasciné par l'Hostie blanche, il voudrait lui aussi offrir le sacrifice de la messe comme le prêtre auquel il servait d'acolyte.

Telle apparaît aux yeux de plusieurs, qui jugent par les apparences plus que par la réalité, cette orientation intérieure que l'on a coutume d'appeler vocation. A les en croire, le surnaturel ne serait qu'une pure fiction ; l'action de Dieu serait un mythe ; la vocation, une simple exaltation de la conscience ou une idée fixe.

C'est réduire à de bien mesquines proportions une œuvre merveilleuse de Dieu. C'est prendre le change, méconnaître ce qui est principal, et travestir jusqu'aux apparences mêmes qui enveloppent la réalité. Au lieu de cette réalité concrète et divine, on n'a aperçu que l'écorce humaine. Au lieu du sacerdoce, on n'a vu que le métier ou la profession; au lieu de la Providence qui guide toutes choses, événements et volontés, on s'arrête à de misérables combinaisons humaines, d'où l'on a chassé Dieu. On parle de sensibilité et de rêverie, alors qu'il s'agit de volonté doucement mais fortement soutenue par la grâce divine. Sans doute les occasions dont Dieu se sert pour faire sourdre au fond de la conscience, et se préciser, le désir d'être prêtre, sont quelquefois singulières et déconcertantes ; mais Lui seul et son action donnent la raison dernière de cette orientation de l'âme vers ce bien tout divin qu'est le sacerdoce.

Oui, vraiment ici tout est divin : le sacerdoce en lui-même, le but qu'il doit réaliser, les moyens qu'il doit mettre en œuvre. Et il n'y a qu'une force divine, la grâce, qui puisse faire tendre une âme à ce bien tout surnaturel. Le tempérament, les circonstances, l'éducation peuvent bien incliner à quelque bien naturel, à ce qui est le dehors, l'humain, l'écorce du sacerdoce; mais à ce qu'il y a en lui de divin, jamais! Or, c'est cela même qui fait le sacerdoce; c'est le divin. Otez le divin, vous tuez le prêtre. Le sacerdoce n'existe plus que comme une livrée, une enseigne mensongère.

C'est à cette ultime conséquence que nous sommes acculés. Ou bien le sacerdoce établi par Jésus-Christ est une réalité purement humaine; et alors, il est vide de sens; ou bien c'est une réalité divine ; dans ce cas, la grâce divine seule peut nous le faire vouloir. La chose est bien évidente. Comment comprendre la dignité, la grandeur du sacerdoce, sinon par la foi? comment désirer les renoncements qu'impose la vie sacerdotale, sans la foi ? comment vouloir en remplir les fonctions si, par la foi, on n'en connaît pas toute la divine efficacité ?

Aussi bien, pour comprendre cette merveille qu'est la vocation, faut-il y voir une
préparation providentielle qui rendra les sujets aptes à de si hautes fonctions, une action puissante de la grâce divine qui inclinera la volonté de l'homme à vouloir ce bien
surnaturel et enfin un appel des Supérieurs
hiérarchiques qui sanctionnera officiellement la résolution de se consacrer au service
de Dieu.

Dans sa bonté, Dieu a tant aimé l'homme
qu'il lui a marqué une destinée éternelle.
L'homme est fait pour le connaître, pour le
voir face à face, pour jouir de Lui pendant
l'éternité entière. Impossible de nous soustraire à l'étreinte de son amour, sans tomber
sous les coups de sa justice. Pour arriver à
ce terme heureux, Il nous propose sa loi qui
est le code de notre bonheur; et, pour nous
soutenir, Il nous donne sa grâce qui ne fait
jamais défaut aux âmes de bonne volonté.
Chose admirable, Dieu, créateur de
l'homme, le domine tellement de son action,
qu'il agit au plus profond de son intelligence, de sa volonté et de son cœur, sans
froisser en rien le subtil ressort de sa liberté. Bien plus, c'est sous l'action divine,

et grâce à cette action, qu'il agit librement sans perdre toutefois la possibilité de faire le mal que Dieu permet, et dont la malice de l'homme porte toute la responsabilité.

Or, voici que pour aller à Dieu, plus d'une voie s'offre au choix de notre liberté, plus d'un état, plus d'une vocation : la vie commune du mariage avec la multitude de professions qu'elle comporte, le célibat dans le monde, la vie religieuse, le sacerdoce. Toutes ces voies sont bonnes, à condition qu'on s'y engage selon les règles de la prudence chrétienne et qu'on en observe les devoirs.

La meilleure part est cependant pour ceux qui choisissent la vie religieuse ou le sacerdoce; car, s'il est vrai que tous ces états sont bons, s'il est vrai qu'en chacun d'eux, on peut aspirer à « aimer Dieu de tout son cœur, de tout son esprit et de toutes ses forces » (Matth., XXII, 37) ; s'il est vrai qu'en tous, on peut tendre à « être parfait comme Notre-Père qui est dans les cieux », c'est cependant dans la vie religieuse ou le sacerdoce, que l'homme trouvera les moyens les meilleurs pour tendre à cette perfection qui est le vrai but de toute vie humaine.

Ceux que Dieu y achemine par les lentes préparations que leur ménage sa Providence et par la libre coopération humaine soutenue de la grâce divine, sont vraiment ses privilégiés. Et c'est cela même, la vocation sacerdotale.

C'est comme un vaste réseau d'actions lointaines qui préparent une âme à cette grande et noble vie. Ce sont les exemples d'un père ou d'une mère qui de bonne heure mettent l'âme en éveil sur ces grandes réalités surnaturelles. C'est une éducation soignée à l'abri des scandales du monde, loin des provocations du luxe et de la luxure; c'est une instruction religieuse faite et reçue avec amour qui excite les désirs et provoque la prière. Qui dira ce que peuvent la vie sainte d'un homme apostolique, d'un vrai prêtre, pour faire naître chez autrui la volonté de consacrer sa vie à la gloire de Dieu et au salut des âmes?

Ce sont là tout autant d'influences qui sont providentiellement destinées à rendre l'élu de Dieu apte au grand ministère qu'il envie. Son intelligence se meublera, sa vertu se fortifiera, son cœur se remplira d'idéal. Et, avant même que d'être prêtre ou d'avoir désiré de l'être, il en vivra la vie. Est-il besoin d'insister pour reconnaître l'action de Dieu ainsi cachée en toutes choses ? Que chacun soit fidèle à la grâce divine et la merveille sera réalisée.

Car c'est ainsi que Dieu se ménage un accès facile sur la volonté humaine pour lui faire désirer, vouloir et embrasser cette vie sacerdotale qui doit l'élever si haut au-dessus de toutes les dignités humaines, mais aussi l'engager d'honneur sur la voie du renoncement total et du sacrifice de soi pour l'amour de Dieu et de ses frères.

Au fond de tout cœur humain, grouillent l'ambition, l'amour des plaisirs et la soif des richesses ; les trois concupiscences dont parle l'apôtre saint Jean ont établi là leur trône. Qui maintiendra ces tyrans intérieurs ? Qui refrénera leur audace ? Nulle puissance humaine ne le peut faire; il faut que Dieu intervienne par sa grâce et que, sur leurs dépouilles, il fasse germer l'amour de la croix. Car il serait vain de vouloir allier le Christ et Bélial, le plaisir et le sacerdoce. Vouloir tenter cette sacrilège union, serait un crime dont l'auteur serait bientôt la malheureuse victime. On ne peut servir deux maîtres à la fois. Le Sacerdoce c'est la croix, c'est le sacrifice; la grâce de Dieu seule peut faire vouloir ce qui est folie pour la courte sagesse de l'homme.

Mais qui dira cette merveille de force et de douceur qu'est la grâce de Dieu, s'insinuant, sollicitant, pressant, reprenant, éveillant un désir, provoquant une réflexion, terrassant quelquefois de crainte et d'angoisse, ou attirant doucement par des charmes inconnus de la terre ? Les voies de la Providence sont déconcertantes pour la sagesse humaine ; elles sont admirables d'harmonie et de suavité. Dieu agit ainsi au plus intime de la conscience et il n'est pas jusqu'à la malice de l'homme qu'il ne fasse quelquefois tourner à ses desseins de miséricorde.

Saül est terrassé sur le chemin de Damas; et, de persécuteur, il devient un apôtre.

Le dégoût même que provoque le péché est parfois utilisé par Dieu pour faire surgir en l'âme blasée, profanée, désespérée le besoin de l'idéal et de la réparation, de la pénitence et de l'amour, de la vie religieuse ou du sacerdoce. Heureux vaincus de la grâce divine, qui laissent en eux triompher la miséricorde du Seigneur.

Il faut le dire pourtant, ces miracles de la grâce ne sont que l'exception. Combien d'autres courent à l'iniquité tête baissée. Pour ne pas entendre la voix de Dieu, ils se bouchent les oreilles; pour ne pas voir, ils ferment les yeux. Pour écarter plus sûrement l'amoureuse obstination divine, ils se précipitent comme des insensés dans la fièvre et les plaisirs du monde. Combien ce siècle dépravé n'a-t-il pas ravi à Dieu de jeunes hommes qui auraient, sans lui, connu les grandes joies d'une vie pure et consacrée, et dont l'existence traînante et boueuse eût été resplendissante de lumière et d'idéal !

Nous voici bien loin de certaines théories modernes. A en croire ces nouveaux sages, il serait tout à fait imprudent et dangereux de cultiver les vocations naissantes dans l'atmosphère de serre chaude qu'est le Séminaire. On risquerait ainsi de jeter dans le sacerdoce des âmes inexpérimentées qui ne connaissent rien de l'existence et qui

plus tard seront exposées à regretter une dé-
cision qui les enchaîne pour toujours à une
vie de continence et de sacrifice.

Qu'est-ce à dire vraiment ? Qu'une vocation sera réputée prudente et véritable, seulement dans le cas où elle aura affronté vic-
torieusement tous les dangers et tous les
scandales du jour. Ce jeune homme, pour
s'engager dans le sacerdoce, devra donc
avoir vu de ses yeux tout ce que notre siècle
offre de séductions perfides et de pièges à
la vertu; il devra avoir entendu les propos
d'hommes sans foi qui ignorent le Christ
et foulent aux pieds ses saintes lois. Il devra
subir l'assaut des plus séduisantes sollicitations et peut-être frôler telle compagnie
dont il ne s'éloignera point sans éprouver la
brûlure des passions. Vraiment, c'est cela
que l'on exigerait des futurs prêtres; faute
de quoi, nulle vocation ne serait solide ni
assurée ? C'est peu connaître le cœur humain. Cependant, c'est sur ces données que
certains romanciers établissent des drames
fantaisistes d'où, après maintes éclabous-
sures et plus d'un compromis, le héros sort
de la tourmente. Et sans doute, il faut bien
qu'il en sorte, puisque tout le livre devait

conduire à ce dénouement inattendu et, en vérité, fort surprenant. Cependant, si l'aventure n'est pas fatale au personnage, cela tient à la seule volonté de l'écrivain, et la réalité lui donnerait de cruels démentis. Une telle épreuve doit normalement conduire à une catastrophe et à la perte de toute vocation.

Dieu peut bien, il est vrai, tirer du feu qui y est tombé, même par imprudence; il le fait quelquefois ; mais il est toujours très dangereux de se jeter soi-même dans le danger. Il est plus facile d'écarter l'étincelle que d'éteindre un incendie. Et pour pouvoir compter sur la grâce de Dieu, il faut faire soi-même tous ses efforts. « Aide-toi, le Ciel t'aidera. »

Dans le plan divin, nous sommes nous-mêmes, par notre bonne volonté et notre prudence, les coopérateurs de Dieu dans l'ouvrage de notre vocation.

Ainsi préparé, apte au sacerdoce, disposé à en prendre toutes les obligations, le désirant avec tout ce qu'il comporte d'abnégation et de sacrifice, le jeune aspirant peut se présenter sans crainte à

l'appel de ses supérieurs. L'Évêque manda-
taire du Christ, chargé, de par Dieu, de
pourvoir au bien spirituel des âmes qui lui
ont été confiées, et qui en porte la lourde
responsabilité, sera heureux de trouver sur
sa route cette âme de bonne volonté. Il lui
dira comme le Christ aux apôtres : « Venez
après moi et je ferai de vous des pêcheurs
d'hommes. » (Matth., IV, 19.)

Il recevra les solennels engagements du
postulant; il veillera à sa complète formation; il lui fera gravir tous les degrés de la
hiérarchie sacrée; lui fera connaître ses
graves obligations. Le jour venu, ce privi-
légié de Dieu sera prêtre, coopérateur de
l'Évêque, portant avec lui et sous son égide
le fardeau des âmes et l'honneur du sacerdoce du Christ.

CHAPITRE V

LA PRÉPARATION DU SACERDOCE

Sommaire. — 1º Indications sur cette préparation jusqu'au Concile de Trente. 2º Les prescriptions du Concile de Trente. 3º La discipline actuelle : formation intellectuelle. 4º Formation morale.

Le sacerdoce, par cela même qu'il est une dignité redoutable et confère des pouvoirs sacrés, exige une préparation minutieuse où s'affirmeront les aptitudes de l'intéressé et se précisera sa volonté d'être prêtre. L'Apôtre saint Paul en faisait la recommandation à son disciple Timothée : « N'impose trop tôt les mains à personne. » (1re *Épître à Timothée*, V, 22.)

La raison et le bon sens en font une obligation évidente. Le prêtre aura à soutenir

l'honneur d'une vie sainte, image de celle
du Christ; il devra pratiquer des vertus émi-
nentes. Pense-t-on qu'on puisse ainsi im-
proviser la sainteté, alors que la vertu,
même après une longue vie de renoncement,
est toujours si difficile ?

Le prêtre devra exercer auprès de ses
frères des fonctions d'une extrême délica-
tesse et d'une particulière complexité. Il
devra prêcher, confesser, administrer les sacrements, observer la sainte liturgie, régir
sa paroisse, être un catéchiste et un éduca-
teur. Qui pourrait croire que, sans études,
sans préparation, il puisse remplir avec
compétence ces différents offices ? Pour
être architecte, avocat, diplomate, une
longue initiation s'impose; il en faut une
pour être maçon ou laboureur. Il en faut
une, à plus forte raison, pour être un prêtre
digne de ce nom.

Jésus avait, pendant trois ans, initié ses
apôtres à leurs grandes fonctions. A son
exemple, eux-mêmes eurent leurs disciples
qu'ils formèrent au sacerdoce. Silas, Luc,
Tite, Timothée, Crescent, Clément furent
les élèves de saint Paul; Marc, Appolinaire,
Martial, Rufus, Pancrace, Marcien, ceux de

saint Pierre. Les successeurs des apôtres gardèrent la même méthode. A mesure que s'établissait une église nouvelle, il se formait autour de l'Évêque un centre de vie chrétienne où se préparaient et se formaient de nouveaux hommes apostoliques, lesquels, peu à peu, recevaient les ordres et allaient plus avant porter la bonne nouvelle.

Bientôt s'introduisent des règles et toute une législation pour le choix de ceux qui seront admis à l'ordination. Les Évêques, les Papes, les Conciles fixent la discipline, écartent les indignes et les incapables par des empêchements, exigent certaines conditions d'âge, de science, de liberté, de sainteté, destinées à sauvegarder la dignité du sacerdoce et à assurer d'une façon plus certaine les fruits du ministère sacerdotal.

Ainsi s'affirment de plus en plus certaines lois, comme celle du célibat écclésiastique ou celle des irrégularités, que la législation actuelle n'a fait que confirmer.

Mais, outre ces règles disciplinaires, il y avait la formation sacerdotale proprement dite, qui s'acquérait dans une longue pratique des ordres inférieurs.

Les Constitutions apostoliques, le Pape Saint Sirice, Saint Innocent Ier, Saint Zozime en particulier et, plus tard, Saint Léon édictent les règles minutieuses de cette préparation.

« Il ne faut pas, dit saint Innocent, que personne soit ordonné précipitamment lecteur ou acolyte ou diacre ou prêtre. Car ce n'est qu'après avoir longtemps vécu dans les ordres moindres et fait preuve d'une conduite et d'un ministère exemplaires qu'un clerc peut, par le mérite d'un long et fidèle service, arriver au sacerdoce, au lieu de ravir sans titre ce qui n'est dû qu'à une vie éprouvée. » (*Patrologie latine*, tome XX, lettre 37, col. 603, n. 1.)

Dès l'origine et surtout à partir du IVe et du Ve siècles, nous retrouvons, autour des Évêques, ces écoles sacerdotales où se pratiquent les plus austères vertus. Saint Athanase introduit les institutions monastiques dans son clergé. Saint Grégoire le Thaumaturge, saint Jean Chrysostôme et d'autres prennent les mêmes méthodes. Saint Basile à Césarée, saint Augustin à Hippone fondent des communautés où se pratiquent les vertus de la vie religieuse.

Peu à peu, cette discipline s'exténue; les besoins mêmes du ministère font s'établir à demeure des prêtres qui ne sont rattachés que d'une façon très lointaine à leur évêque. C'est le relâchement qui s'insinue dans le clergé, en même temps qu'une plus grande négligence à préparer les futurs prêtres. Les clercs ne gardent plus la pureté des mœurs. L'amour des richesses, la simonie font de véritables ravages dans l'Église de Dieu.

Au XIe siècle, saint Grégoire VII restaure la discipline. Alors vont naître les grandes Congrégations des chanoines réguliers qui professent les règles de la vie parfaite. A peu près à la même époque, les grands Ordres monastiques vont prendre un essor merveilleux et renouveler à la fois la vie des clercs et celle des fidèles. Le clergé séculier reprend sa vie austère et autour de chaque prêtre se forme un petit noyau de travail et de piété ; c'est l'école presbytérale où les jeunes aspirants se forment par l'étude des lettres et l'exercice des saints ordres. Beaucoup de prêtres ordonnés en ces temps n'eurent pas d'autre formation que celle qu'ils reçurent auprès de ces pasteurs. C'était une extension de l'ancienne école épiscopale et qui, pendant longtemps, donna d'heureux résultats.

Malheureusement, le régime des bénéfices individuels, l'introduction des prébendes qui, peu à peu, devinrent la proie de laïcs, amenèrent les plus graves désordres. Jusqu'au Concile de Trente, avec des tentatives plus ou moins avortées de réforme, nous assistons à une lente décadence du sacerdoce qui ne peut que conduire à quelque catastrophe.

Les clercs se sont sécularisés; les moines eux-mêmes sont empêtrés dans les choses de la terre. Le « sel de la terre » s'est affadi; c'est un désordre douloureux d'où va sortir, par le protestantisme, la révolution et, par le Concile de Trente, la véritable réforme si longtemps attendue.

Or, pour guérir ces maux qui désolent l'Église, les Pères du Concile ne trouvent nul remède plus efficace que les Séminaires où se formeront les futurs prêtres.

L'évêque n'avait, jusque-là, d'autres ressources que d'ordonner les sujets qui, au cours de ses visites pastorales, lui étaient présentés par les curés eux-mêmes. Leur formation était plus que rudimentaire ; très peu d'études, une stabilité fort précaire dan la vertu. C'était toute la garantie qu'avait l'évêque dans ses ordinations. Le Concile va, sur ce point, imposer une réforme d'une importance capitale : la création des Séminaires. L'Évêque recevait la consigne rigoureuse d'avoir à l'établir dans son diocèse. Là seraient élevés les aspirants au sacerdoce. Le programme des études, de la formation, de la discipline était minutieusement établi : ce devait être pour le clergé une véritable résurrection.

Cette réforme salutaire ne fut point appliquée sans susciter des récriminations et des résistances.

En Italie, l'œuvre s'implanta rapidement grâce à la puissante action de saint Charles Borromée, archevêque de Milan.

En Savoie, dans le diocèse de Genève, Monseigneur Bachod, à peine de retour du Concile de Trente, essaya d'installer « le collège des enfants, appelé Séminaire ». C'était une tentative ; elle fut sans lendemain. Monseigneur Juste Guérin, en 1639-1640, eut plus de succès. Grâce à l'intervention de la Mère de Chantal, une générosité du Commandeur de Sillery, prêtre du clergé de Paris, permit d'avoir à Annecy des Lazaristes. Les fils de saint Vincent de Paul réunirent autour d'eux un certain nombre d'étudiants du collège de la ville. Si imparfait qu'il fût, c'était un embryon de Séminaire. L'œuvre, toutefois, ne fut définitivement créée que par Monseigneur Jean d'Arenthon d'Alex, un siècle après la première tentative de Monseigneur Bachod.

En France, M. Olier fut le vrai organisateur des Séminaires, tels encore qu'ils fonctionnent aujourd'hui. Saint Vincent de Paul, M. Bourdoise y aidèrent puissamment de leur sainteté et de leur sagesse. C'est par eux que notre pays vit se renouveler son clergé.

Le tout était conduit avec tant de prudence que l'œuvre de saint Sulpice n'eut point à démentir ses méthodes. La division même en grand et petit Séminaire fut préconisée par M. Olier qui n'admettait dans son grand Séminaire que les enfants ayant achevé le cycle de leurs études profanes.

Cette organisation supporta le choc de l'hérésie et de la révolution ; elle s'affirme encore aujourd'hui comme une école de sainteté où se forment de vrais ministres de Dieu. Les prescriptions récentes du droit canonique n'ont rien changé d'essentiel à la discipline du Concile de Trente.

Et quelle est donc cette éducation qu'actuellement l'Église donne à ses Clercs ? C'est la double formation à la science et à la vertu.

Au petit Séminaire ou collège, l'enfant prend contact avec toutes les disciplines profanes qu'un prêtre ne peut pas ignorer. C'est une initiation précieuse à des sciences de formation générale : grammaire, littératures anciennes et modernes, géographie, histoire, mathémathiques, sciences physiques et naturelles, éléments de philosophie, notions d'art musical et de dessin, etc. Ce n'est là, sans doute, qu'une prise de contact; mais les examens officiels qui couronnent ordinairement ces études, montrent bien que l'enseignement des maîtres catholiques peut soutenir la comparaison avec celui qui est donné dans les établissements officiels. Ces connaissances, d'ailleurs, se complètent souvent dans des Écoles d'enseignement supérieur qui conduisent leurs élèves aux plus hauts grades de l'Université. A peine est-il besoin de faire remarquer qu'un grand nombre de prêtres ont pris une place des plus brillantes parmi les savants de tous les âges et spécialement parmi les contemporains.

Au grand Séminaire est réservée l'étude des sciences sacrées proprement dites : philosophie, apologétique, théologie dogmatique, théologie morale, histoire de l'Église, patrologie, enseignements des Conciles, Écriture sainte, éloquence sacrée, liturgie, musique religieuse, architecture et archéologie sacrées. Pour beaucoup, l'énoncé d'un tel programme n'est-il pas un peu une révélation? Quelques-uns n'en voient pas toute l'étendue et seraient peut-être tentés d'en dénoncer la parfaite inutilité; ils continueront à être étonnés qu'il faille tant d'études pour « apprendre à dire la Messe ». Ce programme déconcerte plusieurs esprits et des meilleurs, parce qu'il est entièrement en dehors de leurs préoccupations ordinaires. A notre tour de nous étonner que des personnes de haute culture littéraire, scientifique ou artistique se contentent d'une connaissance si sommaire ou si déformée de nos sciences sacrées. Le plus grand inconvénient qui en résulte ce n'est pas l'ignorance, c'est l'éloignement de ces esprits de questions capitales, nécessaires à tout homme pour le bon gouvernement de sa vie.

Les sciences que les génies d'un saint Augustin, d'un saint Thomas ou d'un Bossuet n'ont pu embrasser entièrement, méritent plus que le respect des honnêtes gens. Elles ont droit à leur estime et ne seraient pas indignes de leur curiosité. Peut-être leur réserveraient-elles plus d'une surprise. Ils ne seraient pas les premiers à être captivés par la beauté des vérités religieuses où plus d'un esprit droit et plus d'un cœur loyal ont trouvé la sécurité et la paix. A coup sûr, du moins, ils se rendraient compte qu'il n'est pas trop de six années d'études approfondies pour acquérir sur toutes ces matières les notions indispensables à l'exercice du ministère sacerdotal. Le prêtre de demain en aura besoin pour prêcher avec compétence et avec fruit les vérités du salut, pour les défendre contre les détracteurs et les ennemis, pour convertir et sanctifier les âmes, pour se livrer sans témérité au ministère des confessions, pour parler, même, s'il le faut, d'égal à égal, avec ceux qui sont les premiers dans les sciences humaines.

Saint François de Sales dit que, pour le prêtre, la science est comme un huitième sacrement. Elle est, en tout cas, d'une nécessité absolue; et, si tous les prêtres ne sont pas tenus d'avoir en toutes ces matières une science éminente, s'il suffit qu'en certaines d'entre elles, des spécialistes puissent soutenir l'honneur de l'Église, il est manifeste qu'il est d'une sagesse extrême, de demander aux futurs prêtres de parcourir tout le cycle des sciences sacrées.

On reproche, il est vrai, aux études faites dans les Séminaires, d'être trop livresques et abstraites. Cet enseignement, dit-on, manque du contrôle de l'expérience. Il lui faudrait le grand air, l'ambiance de la vie, les leçons du concret dont les complexités infinies, les retours, les illogismes rendent vaine une science qui n'est plus à sa mesure. Il lui faudrait aussi dépouiller un peu cet air de moyen âge qui se dégage des vieux théologiens du XII° ou du XIII° siècle. C'est sottise de vouloir régir notre société moderne avec ces disciplines vieillies.

Ces reproches ne sont pas dénués de tout fondement; mais, fussent-ils légitimes dans une plus large mesure encore, ils n'enlèveraient nullement aux sciences ecclésiastiques leur véritable valeur. D'ailleurs, il y a dans ces récriminations une part d'exagération. Quoi qu'on en dise, l'Église n'est point restée tellement en arrière dans l'adaptation de ses méthodes aux besoins nouveaux. Si des modifications moins grandes y sont survenues, ne serait-ce pas qu'un peu plus de sagesse y avait été mise en œuvre. L'enseignement de l'université nous a montré en ces dernières années des changements successifs trop nombreux, pour qu'on puisse y voir toujours un progrès véritable. L'utilisation des idées peut être renouvelée; mais les meilleurs esprits, parmi les profanes, ne dédaignent point de se mettre à l'école d'un saint Thomas d'Aquin après avoir en vain cherché ailleurs la lumière; n'y aurait-il pas quelque injustice à nous reprocher de ne l'avoir pas abandonné ? Sur le terrain strictement scientifique, nos modernes catholiques sont à l'honneur; et le clergé n'y fait point (sans jeu de mot) tache trop noire. On essaye, actuellement, non sans succès, d'introduire dans nos Séminaires l'étude des très graves et difficiles questions économiques, sociales, internationales qui passionnent l'opinion. Ce n'est là, il est vrai, qu'une initiation et bien rudimentaire ; mais n'est-ce pas le sort de tout enseignement ? L'expérience ajoutera ses leçons à celles des maîtres et, avec un peu de courage et de bonne volonté, le jeune prêtre pourra, avec ce petit bagage de connaissances, fournir un ministère fructueux, utile aux âmes ; et cela d'autant plus qu'au prestige de la science doit s'ajouter, chez lui, celui de la vertu plus important encore, chez un prêtre, que le premier.

A la formation scientifique du Séminaire, s'adjoint la formation à la vertu. D'aucuns ne vont-ils pas un peu sourire? Car de quoi s'agit-il vraiment ? La politesse, l'urbanité des manières, le savoir se présenter et faire bonne figure dans une société : très bien; voilà de l'éducation. Etre à l'aise dans un salon, toucher du clavecin ou faire parler un Stradivarius, savoir tenir une conversation; c'est encore de l'éducation. Allons plus loin. Quand les passions s'emparent de l'homme, savoir en masquer les écarts trop bruyants, sauvegarder l'honneur des relations (car il faut bien que jeunesse se passe) soit, c'est encore là une formation à la vertu. Et que faut-il de plus ? Tout ! car tout cela n'est rien ou presque rien.

Et que l'on ne croie pas que le dédain nous fasse rejeter ce que d'autres estiment de si grand prix. L'éducation des bonnes manières, bien différente cependant chez un prêtre et chez un laïc, n'est point bannie du Séminaire. Nul inconvénient à la pousser un peu loin à condition qu'elle ne s'encombre point des mille préjugés pointilleux du siècle. Les bonnes manières du prêtre sont faites, en grande partie, de sa réserve et de sa simplicité.

Mais, après cela, reste encore toute la formation ascétique et morale. Nécessaire à tous, elle s'impose au prêtre d'une manière spéciale. C'est tout le programme immense de sainteté que Jésus est venu apporter au monde. Il va principalement à mâter nos deux grands ennemis intérieurs : l'orgueil et la sensualité.

Alors que trop souvent toute l'éducation ne consiste qu'à exalter l'un et à dissimuler l'autre, l'éducation du Séminaire tendra à remettre dans l'ordre de la raison ces deux passions rebelles. Mâter l'orgueil ne signifie nullement tuer l'initiative ou la personnalité, mais contenir les soubresauts de l'indépendance et les discipliner. C'est, pratiquement, la soumission de l'homme à Dieu et à toute autorité légitime : soumission joyeuse et entière qui loin d'amoindrir la personnalité, rend les âmes fortes et capables des plus audacieuses initiatives.

Maîtriser la sensualité, cela signifie que l'esprit prend sur le corps une autorité nécessaire, lui impose ses volontés et le rend, de maître, serviteur. Le séminariste apprend à l'école de l'apôtre saint Paul, à « réduire son corps en servitude » (1re *Épître aux Corinthiens*, IX, 27) pour édifier sur lui le règne de l'esprit et de la grâce. Malheur à qui croirait que l'apparence peut suffire ! Non ! Il y faut la réalité. Plus tard il devra affronter les dangers, les tentations, il doit maintenant s'aguerrir contre lui-même. Il pourra, jusque dans son ministère, rencontrer les occasions les plus dangereuses, être l'objet des plus perfides sollicitations; il faut qu'il soit maître de son cœur et qu'au lieu de se laisser séduire, il soit le médecin des âmes pour les gagner toutes à Jésus-Christ.

Pour y atteindre, la discipline du Séminaire lui impose (douce nécessité) la fréquentation des sacrements, de longues oraisons, des examens de conscience précis, des rendements de compte, toute une direction et comme une gymnastique spirituelle qui doivent l'assouplir et l'affermir dans la vertu. Il se plonge ainsi dans la vie intérieure où Dieu, dans le silence d'un commerce habituel, vient l'aider de sa grâce, l'attirer doucement et fortement à une vie d'idéal, le lancer dans la voie du sacrifice et de l'apostolat. C'est une familiarité intime avec Dieu. A ce divin contact, la volonté se trempe, les énergies s'exaltent, l'idéal s'élève et prépare à tous les dévouements.

C'est une véritable ascension spirituelle où l'âme grandit et se fortifie; elle devient ainsi moins indigne des grands honneurs qui l'attendent et des lourdes responsabilités du sacerdoce auquel elle se prépare.

Ici encore, les reproches ne manquent point; mais sans doute ne viennent-ils pas toujours de ceux qui sont les plus compétents en ces délicates matières. Assurément. ces jeunes gens devront être bien avertis des dangers qui les attendent. Les vacances mêmes auront l'avantage de les leur faire connaître par expérience, pour qu'ils ne leur soient pas une trop grosse surprise ; mais ce ne serait pas une formation à la vertu que de les exposer prématurément, comme on le préconise quelquefois, à la séduction du vice qui s'étale.

Plaise à Dieu, au contraire, que nous suivions fidèlement les saintes traditions de nos devanciers. Si les résultats ont été quelquefois médiocres, ne serait-ce point plutôt par négligence à les bien appliquer ?

Les Olier, les Vincent de Paul, les Eudes ont fait des merveilles; mais sans remonter à ces grands hommes, il est d'évidente notoriété que le magnifique clergé de France doit à sa traditionnelle formation et les grands caractères dont il s'honore et les prêtres saints qui ont fait le bonheur du peuple chrétien et la gloire de l'Église.

CHAPITRE VI

LE SACREMENT ET LES SAINTS ORDRES

Sommaire. — 1º Le sacrement : sujet, ministre, rite. 2º Les ordres : ordres mineurs, portier, lecteur, exorciste, acolyte. 3º Ordres majeurs : sous-diaconat, diaconat. 4º Les effets du sacrement chez le sujet.

La vocation et la préparation dont nous avons parlé doivent normalement conduire au sacrement institué par Jésus-Christ pour perpétuer son sacerdoce. Voyons d'abord d'une façon précise qui est apte à le recevoir.

L'homme seul peut devenir prêtre. De par la volonté du Christ, la femme est incapable de recevoir cette dignité ; et, même reçue par supercherie, toute ordination, pour elle, serait vaine. La Vierge Marie elle-même ne la reçut point ; et, s'il est permis de faire entre son privilège de la maternité divine et le sacerdoce, plus d'un rapprochement, toujours est-il qu'elle ne fut pas prêtre.

Les Apôtres gardèrent la pensée de leur Maître, et l'Église, fidèle à la tradition, n'admit jamais la femme au service des autels. Les diaconesses que nous signale l'histoire n'eurent certainement aucune participation au sacrement.

Consacrées à Dieu un peu comme les saintes femmes de l'Évangile ou, sous une autre forme, nos religieuses à vie active, elles remplissaient, auprès des personnes de leur sexe, certains offices de charité demandés par les convenances et la modestie.

Ainsi l'a voulu le Christ; mais cette volonté se justifie sans peine. Le sacerdoce indique par lui-même une supériorité, une prééminence sur les fidèles. Le prêtre doit avoir le commandement, exercer l'autorité, représenter les hommes auprès de Dieu et leur transmettre ses ordres : toutes fonctions qui conviennent moins à la femme. L'homme est le chef de la famille, de la société. Si le talent et le mérite ne sont pas son monopole et permettent à la femme d'occuper, dans la société, des places même de premier rang, le Christ a pourtant voulu garder dans son Église l'ordre normal des choses. Adam a été notre chef de perdition; Jésus-Christ est notre chef de grâce; il continue à l'être par son prêtre.

L'homme, pour recevoir validement le sacrement de l'Ordre, doit avoir auparavant reçu le baptême et, s'il est adulte, en avoir la volonté. Les autres conditions que l'Église exige ne rendraient pas nul le sacrement reçu par quelqu'un qui ne les remplirait pas ; mais celui qui le recevrait de cette manière commettrait un péché. Ainsi la réception de l'Ordre exige l'état de grâce, l'absence de tout empêchement canonique ou irrégularité; ce serait une faute de n'en pas tenir compte; mais cette faute ne vicierait nullement la validité du sacrement. Il en serait de même d'une formation même tout à fait insuffisante, ou d'une fraude de la part de l'intéressé.

Et qui donc transmettra au sujet ce merveilleux pouvoir sacerdotal ?

De par la volonté du Christ qui a institué

le sacrement, celui-là seul pourra le faire qui en a reçu toute la plénitude : l'Évêque. C'est là, sans aucun doute, la prérogative la plus caractéristique de l'épiscopat. Par ce seul fait qu'il possède le sacerdoce dans toute sa perfection, l'Évêque devient capable d'une véritable paternité spirituelle. Il peut ordonner des prêtres. Chaque fois qu'il accomplira le geste rituel sur un sujet capable de le recevoir avec la volonté de faire une ordination, ce sujet se relèvera véritablement prêtre de Jésus-Christ. De même et en vertu du même pouvoir, il pourra consacrer d'autres évêques. Assurément il ne pourra légitimement exercer ce pouvoir que dans certaines conditions prévues par le droit et sur certains sujets déterminés. S'il passait outre à ces prescriptions, il serait gravement coupable; l'ordination qu'il accomplirait serait gravement illicite et cependant, sans aucun doute, elle serait valide.

Sur ce point, des discussions très vives se sont élevées touchant la validité des ordinations faites par des prélats indignes, hérétiques ou schismatiques, excommuniés ou déposés. Saint Cyprien, Firmilien de Césarée ont soutenu que ces ordinations étaient nulles ; de même les conciles provinciaux d'Orléans, en 511, et de Saragosse, en 522. Jusqu'au xe siècle, on peut citer plusieurs réordinations appuyées sur ces opinions particulières. Même lutte et même discussion pendant le xie et le xiie siècles, où la simonie et les investitures laïques eurent de si funestes conséquences. Mais la doctrine de l'Église finit par prévaloir sans conteste.

Pour les ordres supérieurs qui ont certainement caractère sacramentel, l'Évêque seul peut les conférer (1), et, fût-il indigne, il garde toujours ce pouvoir.

Tout sacrement étant un signe sensible institué par Jésus-Christ pour produire la grâce dans les âmes et les sanctifier, l'Évêque qui confère le sacrement de l'Ordre doit faire usage du signe indispensable.

Le signe du sacrement est une cérémonie,

(1) Une bulle d'Innocent VIII, du 19 avril 1489, au général des Cisterciens, Jean IX de Cirey, aurait accordé à ce dernier et à ses successeurs le pouvoir de conférer le sous-diaconat et le diaconat à tous les sujets de l'Ordre. De longues discussions se sont élevées sur l'existence même de ce document. Voir : Tixeront : *L'Ordre et les Ordinations*, Gabalda, 1925, ch. V.

un rite, un geste accompagné de paroles qui indiquent et précisent la réalité profonde qui s'opère dans l'âme. Ainsi en est-il pour l'Ordre. Le Christ lui-même a-t-il fait usage de ce rite ? Peu importe. Étant l'auteur des sacrements, il n'en avait nul besoin ; il pouvait opérer par sa seule volonté ce que l'Évêque fait par ce signe ; il voulut toutefois que son sacerdoce fût propagé par un rite sacramentel. Il serait difficile d'indiquer d'une façon précise le moment de son institution par Jésus ; mais, une fois établi, il devient immuable en ce qu'il a de central et d'essentiel ; l'Église même ne le peut pas changer et il demeure rigoureusement nécessaire et obligatoire.

Et ainsi, d'âge en âge, le même rite opère la même merveille.

Ce rite essentiel pour l'Ordre nous est signalé dès l'origine : c'est l'imposition des mains. Nous en trouvons les plus anciens témoignages dans les Actes des Apôtres (VI, 1-6), où il est question de l'ordination des sept diacres. Les chrétiens les présentent aux apôtres et « ceux-ci, en priant, leur imposent les mains ». Par deux fois, l'apôtre saint Paul parle à son disciple Timothée de la grâce qu'il a reçue par l'imposition des mains de l'assemblée des anciens (1re *Épître à Timothée*, IV, 14) et de lui-même (2e *Épître à Timothée*, I, 6). Enfin il lui recommande de n'imposer les mains à personne avec précipitation (1re *Épître à Timothée*, V, 22). Avec quelques variantes, c'est ce que nous retrouvons dans les plus anciens monuments de la tradition pour la consécration épiscopale, pour l'ordination du prêtre et du diacre. Si les Pères apostoliques ne donnent aucun détail sur les rites des ordinations, « les Constitutions de l'Église d'Égypte », ou, sous un autre nom, la « Tradition apostolique », qui aurait pour auteur saint Hippolyte, indique clairement l'imposition des mains accompagnée de prières. Les « Canons de saint Hippolyte », les « Constitutions apostoliques », le « Testament de Notre-Seigneur », l' « Octateuque de Clément » donnent, sous différentes formes, les mêmes renseignements. Au ve siècle, le Pseudo-Denys indique des rites qui ne diffèrent que très peu de ceux précédemment indiqués. Les différents sacramentaires léonin, grégorien, gallican mentionnent des cérémonies identiques.

Cependant peu à peu (à partir du
XII° siècle, la chose est très sensible) à ce
rite central de l'imposition des mains, s'a-
joutent des cérémonies secondaires. Étant
très expressives, elles prennent peu à peu
une importance considérable, tellement que
de grands théologiens ont pu leur accorder
une valeur égale à l'imposition des mains
elle-même. Certains documents officiels,
comme le décret aux Arméniens, en 1439,
n'ont pas peu contribué à donner corps à ces
opinions; au point que, pratiquement, ces
cérémonies ne peuvent jamais êtres omises.
Telles sont, pour le diacre, la porrection du
livre des Évangiles, l'imposition individuelle de la main épiscopale sur la tête avec
la formule « Accipe spiritum sanctum ad
robur »; pour le prêtre, la porrection du calice et de la patène garnie, les onctions. la
dernière imposition des mains et la collation
du pouvoir d'absoudre les péchés. Ces cérémonies ont pu varier; le cœur du sacrement n'a pas été modifié. Il reste le même
pour tous les ordres vraiment et sûrement
sacramentels : le diaconat. la prêtrise.
l'épiscopat.

Il ne faut pas l'oublier, en effet, l'Ordre offre une particularité singulière par rapport aux autres sacrements. Au lieu d'être constitué par un acte unique, il est en quelque sorte morcelé en différents degrés ou ordres; les premiers servant comme d'initiation aux plus élevés.

On aborde le sacerdoce par la tonsure qui n'est pas un ordre proprement dit; viennent ensuite les quatre ordres mineurs. Par eux, l'ordinand devient successivement portier, lecteur, exorciste, acolyte.

Les ordres majeurs ou sacrés sont le sous-diaconat, le diaconat et la prêtrise. Ce dernier constitue le sacerdoce au sens vrai du mot. Il n'a au-dessus de lui que l'épiscopat qui est la plénitude du sacerdoce.

Tous ces degrés, comme nous l'enseigne saint Thomas d'Aquin, sont ainsi distribués en vue du sacrifice eucharistique. Chacun d'eux en approche et impose quelque obligation spéciale pour le lieu du sacrifice, les fidèles, les cérémonies, le service de l'autel, l'assistance du prêtre qui célèbre, le sacrifice lui-même; et c'est là précisément ce qui fait l'unité du sacrement malgré ce morcellement des ordres.

La tonsure est une simple cérémonie dont le rite est très expressif, et les effets canoniques, importants. L'Évêque, pour marquer que le nouveau clerc est séparé du monde et de ses vanités, lui coupe quelques mèches de cheveux en forme de croix; tous deux disent en même temps ce verset du psaume : « Le Seigneur est la part de mon héritage et de mon calice. C'est vous, mon Dieu, qui me rendrez mon héritage. » Le nouvel élu aura désormais le sommet de la tête rasé; la forme monacale de la tonsure laissant autour de la tête seulement une couronne de cheveux était plus expressive, mais le symbolisme est le même.

Désormais le tonsuré est clerc ; il est d'Église. Revêtu de la soutane et du surplis, il prendra part aux offices du chœur et chantera officiellement la louange divine.

Aux yeux de l'Église, il jouit de privilèges importants. Par le privilège du « canon », il est protégé par des sanctions contre qui porterait sur lui une main sacrilège.

Le privilège du « for » le soustrait à la juridiction des tribunaux séculiers; il devra désormais être jugé par les tribunaux ecclésiastiques, comme dans tous les pays, les militaires sont jugés par des tribunaux militaires, les magistrats par leurs pairs.

Canoniquement, par le privilège des « immunités », il est soustrait aux charges qui pèsent sur les citoyens dans l'État, comme l'impôt ou le service militaire.

Ces privilèges sont souvent méconnus par les lois des différentes nations.

L'Église pour un plus grand bien n'en exige pas la rigoureuse application ; il ne serait pourtant pas difficile d'en voir le bien fondé, si l'on voulait loyalement reconnaître les services éminents que rend le sacerdoce, même à la société civile, services qui seraient plus grands encore si ces lois de l'Église étaient observées.

Les ordres mineurs proprement dits sont très anciens dans l'Église ; ils ne sont pas d'institution divine. Leur nombre a varié selon les temps et les églises particulières. Plusieurs de ces ordres, comme le fait remarquer Thomassin, n'étaient à l'origine que de simples fonctions, sans ordination. Ainsi les sépulturiers et les chantres étaient parfois comptés parmi les clercs. Le sousdiaconat lui-même était un ordre mineur.

Aujourd'hui la discipline est stabilisée: et les ordres que l'Église confère successivement à ses ministres avant de les appeler au sacerdoce, sont plus que des formalités. Ce sont des cérémonies qui donnent réellement au sujet une dignité spéciale et des pouvoirs particuliers. Le plus grand nombre des théologiens, cependant, admettent que ces cérémonies, pour les ordres mineurs, n'ont pas une valeur de sacrement.

Pour conférer chacun de ces ordres, l'Évêque procède d'une façon analogue. Il fait d'abord une monition solennelle. Il en vient ensuite à l'ordination; il fait toucher à chacun les objets caractéristiques de son ordre, il prononce une formule appropriée et termine par une prière. Au portier il fait toucher les clefs de l'Église ; au lecteur, le livre des leçons; à l'exorciste, le livre des exorcismes; à l'acolyte, le chandelier et les burettes.

Par ces différents degrés, l'ordinand est conduit aux ordres majeurs ou sacrés. Leur nom même en indique l'importance. Le sous-diacre est le serviteur du diacre à l'autel; et le diacre celui du prêtre.

Rien n'est impressionnant comme l'appel du sous-diacre par l'Évêque au moment de son ordination. Rien n'est beau comme son acceptation marquée par le pas qu'il fait vers le Pontife.

Moment solennel, suivi de la prostration à laquelle prennent part également futurs diacres et futurs prêtres.

Au signal du maître des cérémonies, tous se prosternent face contre terre, pour indiquer, comme par cette mort et cet anéantissement d'eux-mêmes, leur appartenance complète et définitive au Seigneur.

L'Évêque, tout le clergé, les autres ordinands, les fidèles sont à genoux et chantent les litanies, invoquant tour à tour la Sainte Trinité, la Vierge Marie, les Anges et les Saints. Au milieu de la litanie, le Pontife se lève, et, la crosse à la main, il prononce trois fois une solennelle invocation :

« Daignez bénir ces élus...

« Daignez bénir et sanctifier ces élus...

« Daignez bénir, sanctifier et consacrer ces élus...

Et tout le peuple répond :

« Nous vous en supplions, exaucez-nous! »

Les prosternés se relèvent à la fin, et l'on procède à l'ordination des sous-diacres. L'Évêque fait toucher à chacun le calice et la patène vides, en prononçant les paroles sacrées. Le nouvel ordonné revêt les insignes de ses fonctions, la tunique; il reçoit le livre des épîtres; il appartient maintenant pour toujours à Dieu par le vœu de chasteté perpétuelle; toujours il récitera le saint bréviaire.

C'est pour le diacre, le prêtre et l'Évêque seulement qu'il faut parler d'ordination par l'imposition des mains. Ces trois ordres seuls, en effet, ont sans conteste une valeur sacramentelle. Par cette imposition, le diacre est constitué serviteur du prêtre à l'autel; il garnit les vases sacrés; il assiste le prêtre; il chante l'Évangile ; il peut prêcher la parole de Dieu et administrer aux fidèles la sainte Eucharistie. Magnifique prérogative qui l'achemine au sacerdoce et qui lui impose plus impérieusement encore qu'au sous-diacre la pureté et la prière. Ainsi le veut Jésus qu'il touche et distribue dans la sainte Eucharistie; ainsi le réclame la parole sainte dont il devient le ministre. La force est la vertu du diacre; il aura toujours devant les yeux les exemples des Étienne et des Laurent.

Du Prêtre et de l'Évêque nous avons déjà parlé tout au long dans ce volume. Leur ordination revêt un caractère de grandiose symbolisme. Au moment de l'imposition des mains sur le prêtre, le clergé s'unit au pontife pour former avec lui le presbyterium antique. Les nouveaux prêtres célèbrent véritablement la sainte Messe avec l'Évêque ; ils reçoivent de lui tous les pouvoirs sacerdotaux; ils lui promettent obéissance; ils font profession de foi. Ils sont prêts à partir pour les travaux évangéliques.

L'épiscopat est la plénitude du sacerdoce; pour la consécration de l'Évêque, le Pontife consécrateur a à ses côtés deux prélats assistants. Le futur Évêque fait de solennelles promesses de servir le Pape et l'Église ; il prononce sa profession de foi. Après les litanies, le Consécrateur et ses assistants procèdent à l'imposition du livre des Évangiles et à l'imposition des mains. Suivent les différentes onctions, les offrandes symboliques, la remise des insignes de la charge pastorale. L'Église a un Évêque de plus.

Toutes ces cérémonies des différentes ordinations ne se décrivent point; il faut les voir; il faut chercher à en pénétrer le sens profond et à discerner la réalité surnaturelle qu'elles mettent dans l'âme des ordonnés.

Dans nos sociétés civiles nous trouvons des distinctions parmi les citoyens; gens de robe et gens d'épée forment des classes distinctes, dont une désignation officielle détermine les membres et précise les fonctions.

En serait-il ainsi pour le sacerdoce ?

Il y a cela sans doute; mais il y a bien plus que cela. C'est une réalité invisible mais certaine qui envahit l'âme du nouveau consacré. C'est d'abord l'augmentation de la grâce ou vie divine, que nous avons reçue au baptême, et que nous développons par toute œuvre méritoire, et en particulier par la réception des sacrements; c'est aussi un droit à recevoir les secours nécessaires pour vivre saintement la vie de prêtre et bien exercer les fonctions sacerdotales; mais c'est encore et surtout l'impression dans l'âme du caractère sacramentel. Qu'est-ce à dire?

Cette âme est désormais marquée d'un signe sacré, d'un caractère surnaturel, qui

est une véritable participation au sacerdoce
du Christ. Toutes nos métaphores et nos
comparaisons ne disent que très imparfaite-
ment ce qui est. Déjà, par le saint baptême
et la confirmation, nous avons reçu l'em-
preinte d'un sceau spirituel et divin d'appartenance au Christ et à sa milice. Par le
caractère sacerdotal, s'opère une transformation plus profonde encore, et nous sommes
configurés au Christ-Prêtre. Ces réalités,
l'œil ne les voit point, la conscience ne les
saisit point, le langage n'en exprime pas
tout le contenu. Et cependant, Dieu nous en
donne l'assurance. Par un enseignement qui
remonte jusqu'aux origines, son Église infaillible nous procure plus de sécurité que
si nos yeux pouvaient les contempler. Par ce
caractère qui le fait participant du sacerdoce du Christ, le prêtre devient capable de
remplir les fonctions sacrées. Entendons
bien ces paroles. Il ne s'agit pas seulement
ici d'accomplir avec dignité et exactitude
certains gestes rituels ; il s'agit d'opérer
réellement, par ces gestes, des choses im-
possibles à l'homme. Comme le Christ l'a
fait par sa puissance, le prêtre pourra
désormais consacrer le pain et le vin, les

changer au Christ vivant sous les apparences miraculeusement conservées, et être le ministre visible du Christ qui, mystiquement immolé, s'offre à Dieu son Père.

Il pourra, sous certaines conditions, prononcer sur les âmes pécheresses les paroles de pardon; et ces âmes, mortes à la grâce, recevront de nouveau la vie divine; prodige plus éclatant que si un cadavre était rappelé à la vie.

Si, pour comble de grandeur, le prêtre a reçu la suprême perfection de l'épiscopat, il pourra transmettre son sacerdoce, créer de nouveaux prêtres, et perpétuer sur la terre le sacerdoce du Christ.

Merveilles étonnantes que celles-là. Et celui qui aura participé à de telles grâces, comme le Christ, demeurera prêtre pour l'éternité. Toujours, son caractère lui restera; si, par malheur, il n'avait pas été fidèle, il lui serait un signe de condamnation; mais s'il est un prêtre saint, il lui sera pour toujours un titre de gloire,

CHAPITRE VII

DIGNITÉ ET SAINTETÉ DU PRÊTRE

SOMMAIRE. — 1° La vraie dignité du prêtre vient de son union au Christ et à son Église. 2° Cette dignité exige du prêtre la sainteté ; d'où obligation de la prière : le bréviaire. 3° Cette dignité demande encore le célibat ecclésiastique ; sa législation ; sa raison d'être. 4° Le prêtre infidèle.

Il est difficile de bien comprendre l'éminente dignité du prêtre. Tout, en lui, nous avertit que cette dignité est grande; la foi seule nous permet d'en saisir le fondement.

Vous avez vu un homme vêtu d'une soutane, vivant séparé du monde et de ses fêtes, dans la pauvreté; il est d'une grande dignité de vie; par la droiture de son caractère, l'affabilité de son abord et de sa conversation, il attire à la fois la déférence et l'affection : vous n'avez pas vu en lui, le prêtre.

Vous avez admiré sa culture étendue et soignée; il a pratiqué les anciens, il connaît les modernes; il est le familier des grands esprits et, avec une élite de plus en plus rare, il aime la science désintéressée; il cultive les arts et ne dédaigne point les lettres. Il est de bonne compagnie. Ne dites pas que vous savez ce qu'est le prêtre.

Riche ou pauvre, honoré ou méprisé, il ne se plaint pas ni ne se laisse griser par les honneurs. Dans les premiers ou dans les derniers degrés de la hiérarchie, toujours égal à lui-même, il paraît dominer les événements sans en être surpris. Vous êtes en éveil, vous devinez qu'il y a là quelque chose d'extraordinaire. Mais savez-vous ce qu'est le prêtre ?

Vous connaissez peut-être certains types de personnages ecclésiastiques; mais tous ont une dignité unique qui ne vient ni de leurs qualités naturelles, ni de leur science ni de leur éducation. Par leur caractère sacerdotal, ils sont, selon le langage traditionnel, d'autres Christs. Magnifique transformation qui établit le prêtre au niveau de

Jésus, en le faisant participer à son unique sacerdoce. Qui comprendra un peu ces paroles saura en quoi consiste la vraie grandeur du prêtre : grandeur par laquelle rejaillit sur lui quelque chose de la dignité même de la nature humaine qui, dans le Christ, fut déifiée par son union à la divinité.

Par le fait même, le prêtre est constitué pour rendre à Dieu les honneurs qui lui sont dûs, et faire participer les hommes ses frères aux bienfaits de la Rédemption. Sur le prêtre, comme sur le Christ, les hommes eux-mêmes impuissants viendront s'appuyer pour offrir à Dieu leurs adorations. A lui ils auront un recours nécessaire pour entrer et se maintenir dans la vie divine. L'humanité tout entière est ainsi groupée autour du prêtre en un seul corps qui, grâce à lui, est uni au Christ. Étonnante dignité sacerdotale qui fait de celui qui en est revêtu un médiateur authentique entre Dieu et les hommes. C'est en cela même que s'affirme cette grandeur qui éclipse toutes les grandeurs humaines, comme le ciel dépasse la terre. Mais aussi, c'est la source des rigoureux devoirs qui incombent au prêtre et l'obligent à une éminente sainteté.

Ce n'est pas en vain que l'Église attache tant d'importance à la formation sacerdotale. La longue préparation du Séminaire n'avait pas d'autre but que de rendre saintes les âmes de ceux qui aspiraient à se consacrer à Dieu.

La retraite, la prière, la discipline, les sacrements n'avaient pas d'autre fin. Tout le programme d'ascèse, de travail devait conduire à cet idéal énoncé par le Père Chevrier : Comme le Christ à la crèche, le prêtre est un homme dépouillé; comme le Christ au Calvaire, il est un homme crucifié; comme le Christ en l'Eucharistie, il est un homme mangé. Lui-même sut réaliser ce programme. S'il en fallait un exemple plus magnifique encore, nous n'avons qu'à contempler le Saint Curé d'Ars. Il fut prêtre pleinement, héroïquement; et pourtant, il ne dépassa pas ce que demandait de lui son sacerdoce.

C'est pour conduire le prêtre à cette sainteté que l'Église lui fait une obligation de la prière officielle : Il doit réciter l'office divin; plus prosaïquement, il doit dire son bréviaire. Sans doute, c'est dans l'accomplissement même de ses fonctions qui lui deviennent un devoir d'état sacré, que le prêtre doit, avant tout, chercher sa sanctification. La prédication de la parole de Dieu, le ministère des confessions, la célébration de la sainte Messe doivent être pour lui la source de bien des grâces; cependant, chose remarquable, c'est au moment même où le sous-diacre s'engage à la chasteté parfaite, que l'Église lui impose l'obligation de l'office divin. Ces deux devoirs sont ainsi enchaînés l'un à l'autre. Pour être chaste, le prêtre doit être un homme de prière; pour prier dignement, il doit avoir la pureté des anges.

Aux yeux de beaucoup, la prière n'est autre chose qu'un pieux passe-temps. C'est traiter bien à la légère les âmes qui s'adonnent à ce grand devoir ! Ce commerce continuel avec Dieu est le plus beau et le plus fécond emploi du temps qui se puisse trouver. Celui-là seul ne peut pas le comprendre qui ignore Dieu et qui réduit la vie humaine à une vie sans espérance qui finirait au tombeau. La réalité est heureusement plus consolante et la prière y prend un sens magnifique ; car c'est dans l'oraison que Dieu se communique à l'homme. Pour le prêtre, il est l'homme de l'oraison.

Toute prière est agréable à Dieu, même si elle sent un peu les affaires du siècle et les préoccupations de la vie; celle qui monte de la famille, du père, de la mère et des enfants est reçue avec amour; l'âme la plus isolée et la plus délaissée est toujours entendue de Dieu. Mais la prière officielle de l'Église a une valeur et une efficacité bien plus grandes. C'est en effet comme la prière du Christ réunissant dans une même supplication celles de tous les hommes. Prière très agréable à Dieu et qui fait descendre sur l'homme une pluie de grâces. Aussi, quoi que certains en disent, ils ne comprendraient pas un prêtre qui ne prierait pas. L'obligation du bréviaire n'aurait pas besoin d'autre justification. Et comme d'instinct, le peuple va à dire qu'un prêtre qu'il voit prier est un prêtre vertueux et saint.

La dignité sacerdotale exige plus que la prière, elle demande la pratique de la chasteté parfaite; c'est la loi du célibat ecclésiastique.

Malgré ses désordres, l'antiquité païenne

elle-même avait compris que pour servir Dieu dignement, le prêtre doit lui appartenir sans partage. A Athènes, au service de Minerve, à Rome, à l'autel de Vesta, on n'admettait que des vierges. Chez les Juifs, les prêtres de l'ancienne alliance devaient garder la chasteté pendant tout le temps de leur service au temple.

Quoi d'étonnant que l'Église demande la chasteté à ceux qui doivent servir à l'autel du Dieu trois fois saint !

On sait que Jésus avait grandement loué la pratique de la virginité et de la continence. Vierge né d'une vierge, il avait pour les vierges une prédilection marquée. Il avait recommandé cette vertu comme l'indice, à la fois, et le moyen d'une vertu plus haute et plus exquise. L'apôtre saint Paul s'était fait le législateur et le codificateur des instructions du Maître, touchant la virginité et le veuvage. Lui-même vivait dans la continence et il souhaitait à tous ses disciples de lui ressembler. Les premiers écrivains ecclésiastiques Ignace et Polycarpe nous parlent d'organisations destinées à développer la pratique de ces vertus.

Le Christ, sans doute n'avait imposé à

personne une telle vie; il avait seulement invité les plus fervents à le suivre. N'était-il pas tout naturel que les Apôtres, leurs successeurs et tous les prêtres songeassent à pratiquer eux-mêmes un genre de vie qui devait être l'apanage des plus parfaits ? A Timothée et à Tite, saint Paul avait déjà indiqué certaines restrictions concernant les évêques. Dès le II° siècle, nous voyons que la continence est pratiquée par un grand nombre, dans le clergé. Tertulien, Origène, Eusèbe de Césarée et d'autres nous en apportent le témoignage formel. En 406, saint Jérôme écrit à Vigilance, l'ennemi du célibat ecclésiastique : (Si l'on suivait votre sentiment) « que deviendraient les Églises d'Orient ? Que deviendraient les Églises d'Égypte et de Rome qui n'acceptent des clercs que vierges ou continents, ou qui exigent, quand elles ont affaire à des clercs mariés que ceux-ci renoncent à tout commerce avec leurs épouses? »

A vrai dire, ce n'est pas encore une loi, mais une coutume qui tend à s'imposer de plus en plus.

En Occident, les plus anciennes prescriptions qui nous sont parvenues sont de l'an

300 environ. Le Concile d'Elvire, en Espagne, par son canon 33, prescrivait la continence aux évêques, prêtres et diacres mariés. Un concile de Rome, en 386, sous le Pape Sirice, édictait avec des sanctions la même loi. Elle s'appliqua peu à peu à l'Espagne, à la Gaule, à l'Afrique. Le sous-diacre fut soumis au même genre de vie à partir de saint Léon; c'était définitif à partir du ixe siècle. Jamais, depuis lors, l'Église n'a fléchi dans sa législation. Elle y mit la dernière sanction au concile de Latran en 1123, en déclarant frappés de nullité les mariages contractés par les clercs dans les ordres sacrés.

Telle est cette loi de l'Église. Elle est une des gloires du sacerdoce catholique.

« Oh qu'elles sont grandes, dit l'auteur de l'Imitation de Jésus-Christ (liv. IV, ch., XI, 6-7), qu'elles sont glorieuses les fonctions des prêtres à qui il a été donné de consacrer le Dieu de majesté par des paroles saintes, de le bénir de leurs lèvres, de le tenir entre leurs mains, de le recevoir dans leur bouche et de le distribuer aux autres hommes.

«Oh ! Qu'elles doivent être innocentes les

mains du prêtre, que sa bouche doit être pure, son corps saint, et son âme exempte des plus légères taches, pour recevoir si souvent l'auteur de la pureté.

« ... Qu'ils soient simples et chastes les yeux qui contemplent habituellement le corps de Jésus-Christ. Qu'elles soient pures et élevées au ciel les mains qui touchent sans cesse le Créateur du ciel et de la terre. »

Et un grand Évêque, Monseigneur Isoard, dit à son tour :

« Le motif élevé qui oblige à la continence, c'est que le sous-diacre monte à l'autel, touche l'autel, pendant les saints mystères. Il figure, il rend comme visible l'union du Seigneur Jésus et des âmes; il est une expression du mystère par excellence qui est l'union du Verbe avec l'humanité; pour ce motif, il doit vivre dans une inviolable et perpétuelle chasteté. »

Le prêtre est un autre Christ. Il porte avec Lui le poids de la Rédemption; il est chargé de faire monter vers Dieu toutes les adorations de la terre, de se faire victime avec le Christ, de communiquer Dieu aux âmes, en leur donnant la vie divine, en leur pardonnant, en les nourrissant de Jésus dans la sainte Eucharistie. Cette relation d'intimité, d'union au Christ demande un amour exclusif et total pour Dieu et pour les âmes que le Christ est venu sauver. Amour élevé, universel, qui, se donnant à tous, se dévouant pour tous, n'en admet aucun à prendre pour lui-même une fibre de son cœur. Ce serait un larcin fait à Dieu.

Le ministère du prêtre demande la même vie séparée.

Il doit enseigner la perfection chrétienne et les moyens que Jésus nous a fait connaître pour y tendre plus sûrement. La chasteté volontaire, en brisant l'assaut de la luxure, y excelle. N'est-il pas logique que le prêtre donne l'exemple, et, comme le Christ, joigne la pratique à la leçon ?

Certains aveux nécessaires au saint tribunal de la pénitence ne seraient-ils pas plus pénibles, s'ils devaient tomber dans un cœur tout occupé d'un autre amour que celui de Dieu? Certaines confessions, lourdes d'un passé angoissant, ne peuvent se faire qu'à une âme dans laquelle transparaît une parfaite pureté. Ce n'est qu'à cette source limpide que le coupable a le courage de venir laver sa souillure.

Et que deviendrait l'apostolat catholique, si ses préoccupations sans cesse ramenaient le prêtre à son foyer et à ses enfants ? Comment affronter les fatigues des missions lointaines, dans les glaces du pôle ou sous les feux de l'Équateur ? Comment même aller au chevet des pestiférés, comment vivre dans la pauvreté et le dénuement sans craindre le lendemain ?

Pour le prêtre, renoncer à la continence, ce serait, du même coup, perdre sa liberté.

On a tort de reprocher à l'Église d'avoir changé sa discipline. Ayant à garder l'honneur du Christ lui-même, peut-on lui faire reproche d'une loi dont les prescriptions, quoique d'abord facultatives, furent, de tout temps, gardées par les plus saints de ses ministres ?

Que l'on ne parle pas de la chasteté comme si elle était une obligation contre nature. Tout le monde doit la pratiquer selon son état. Pense-t-on qu'elle devienne plus difficile pour celui qui a voué une continence parfaite ? C'est le contraire qui est vrai. Contre nature une vertu qui est le principe de tant de grandes œuvres ! Il y a loin de cette chasteté féconde en dévouement et en héroïsme à la solitude jouisseuse des libertins. La chasteté seule a pu enfanter au monde un saint François Xavier, un saint Vincent de Paul, un saint Jean-Marie Vianney. La fécondité spirituelle de la continence l'emporte sur toute autre; et, plus que l'autre, elle met au cœur de qui s'y consacre l'honneur rayonnant de la paternité.

Il ne faut pas dire non plus que, sans la loi du célibat sacerdotal, maints scandales seraient évités. Si quelque malheureux fut infidèle à sa grande mission, sa faiblesse en fut la cause, plus que l'obligation qu'il avait librement contractée, et où il devait trouver un secours. La conduite de plus d'un qui ne fut jamais lié par cette douce loi nous dit assez qu'il faut chercher en dehors d'elle la cause de ces maux. Que l'on quitte une telle sollicitude pour l'honneur de l'Église; elle soutiendra elle-même ses propres intérêts.

Et surtout que l'on ne vienne pas, par une pitié dont le ministre de Dieu n'a que faire, souhaiter qu'on le délivre de cette obligation que l'on dit si onéreuse. Cette pitié semblerait rendre suspecte la vertu qu'elle voudrait ainsi secourir.

Non, la chasteté du prêtre n'est pas un fardeau. Elle peut (qui le nie?) lui imposer des sacrifices; mais la vie du Chrétien n'est-elle pas toujours un combat et la sainteté peut-elle s'obtenir sans lutter ?

En vérité, la chasteté du sous-diacre sera toute sa vie son honneur, sa joie, sa couronne. L'aube blanche qu'il a revêtue en ce jour est le symbole de ses engagements. L'amour, le bel amour de Dieu et des âmes a envahi son cœur; celui-là seul peut le goûter qui, pour Lui, se garde chaste et blanc comme les lis.

La sainte phalange de ses prêtres est la gloire de l'Église. Si le contraste pouvait nous instruire, il ne serait peut-être pas hors de propos de voir ce qu'est devenu le prêtre en dehors de la religion catholique. Chez les protestants, chez les Russes, chez les Grecs, chez les Anglicans même, si respectables que soient les personnes qui remplissent les fonctions liturgiques, on peut dire que le prestige du sacerdoce a disparu. Son influence s'en va; son action s'éteint. Toutes ses énergies sont accaparées par d'autres soucis; l'œuvre de Dieu, le bien des âmes passent au second plan. Il n'a pas, il ne peut pas avoir la liberté du prêtre catholique.

Rien d'étonnant que l'Église soit si intransigeante sur ce point.

Il serait peu loyal, en parlant de la sainteté du sacerdoce et du prêtre, de passer sous silence les graves accusations qui sont quelquefois portées contre lui. La conduite de certains prêtres y a malheureusement donné quelque prise. Cependant une observation préliminaire s'impose.

Par une étrange inconséquence, les ennemis du prêtre sont à son égard d'une extrême exigence. Ils ne croient pas, disent-ils, à son caractère sacré et divin. Ils affectent de méconnaître sa mission surnaturelle; la logique voudrait qu'ils ne se soucient pas de sa sainteté. Ils sont, sur ce point, plus exigeants que les fidèles eux-mêmes; et ils se montrent grandement scandalisés quand quelque défaillance vient donner un fondement à leurs critiques et un prétexte à leur incrédulité. Qu'ils soient sévères pour le prêtre, soit; en cela, ils ont raison. Puissent-ils du moins montrer la même sévérité pour eux-mêmes et ne pas chercher dans les fautes d'autrui une justification pour les leurs. Une même loi morale régit tous les hommes et les fautes des uns, fussent-ils obligés à une plus grande sainteté, ne légitiment nullement les péchés des autres, comme on affecte de le croire. Le prédicateur de la sainteté peut pécher lui-même, hélas! La sainteté qu'il prêche n'en demeure pas moins un idéal à atteindre pour tous. Pour tous elle demeure un devoir.

Mais au fait, la conduite des prêtres, est-elle si universellement blâmable que d'aucuns veulent bien le dire? Sont-ils, en si grand nombre, infidèles à leurs engagements et à leur idéal de sainteté? Sont-ils des hypocrites qui cachent sous des dehors de piété la pire scélératesse? Tendent-ils, sous prétexte de sacrements, des pièges à la vertu de leurs fidèles? Il n'est pas, j'en suis sûr, un homme de bonne foi qui puisse le croire et l'affirmer. Le témoignage des fidèles eux-mêmes suffirait à les confondre.

Il est certain que le sacerdoce ne rend pas impeccable celui qui en est investi. Il n'est que trop vrai : le prêtre même revêtu d'une dignité divine, n'a point, pour autant, perdu sa nature humaine toujours sujette à défaillance. Comme les autres, il doit lutter pour ne pas déchoir de sa grandeur et rester un exemplaire de sainteté. C'est son devoir rigoureux. S'il tombe cependant, quel droit ses ennemis ont-ils de triompher ?

D'ailleurs ces chutes douloureuses sont une exception. Mais quel art savant et satanique certains exploiteurs savent mettre en œuvre pour provoquer le scandale! Autour des victimes, quelles clameurs, quels cris de triomphe! Et pourtant il n'est pas rare que ceux qui crient victoire aient été eux-mêmes la cause de la chute. Le malheureux, oublieux de sa dignité, s'est laissé prendre au piège qui lui était tendu. Quelle belle victoire vraiment pour ses ennemis. Et précisément, le bruit qui se fait autour de ces fautes en montre bien le vrai caractère. Elles sont une preuve évidente de la sainteté reconnue du sacerdoce et du prêtre. Fait-on tant de tapage autour des scandales mondains? Assurément non! On les excuse et on les absout. Les principes du monde n'y contredisent point; ils sont presque de règle. Et ce qui est de règle, ni n'étonne, ni ne surprend, ni peut-être ne scandalise. Le scandale du prêtre est une douloureuse surprise pour le peuple fidèle; il est une bonne aubaine inespérée pour les méchants. Pour tous, il est cause d'étonnement et de stupeur, tellement il est une exception, tellement aussi il est en contradiction avec le caractère sacré dont est marqué le prévaricateur.

Les méchants, après avoir jeté en pature à la curiosité publique le malheureux déshonoré, l'abandonnent à son triste sort. L'Église, plus miséricordieuse, se penche sur lui comme sur tous les pécheurs pour le convertir. Elle blâme sa faute; mais elle n'épargne rien pour sauver son âme et le ramener à la sainteté dont il a fait profession.

En vérité, malgré ces taches humaines, on reconnaît bien, dans le sacerdoce catholique, la sainteté même de son divin fondateur. Saint est le Christ, sainte l'Église, saint le sacerdoce, saints les prêtres de Jésus-Christ. Ils sont vraiment, comme le voulait Jésus, « la lumière du monde et le sel de la terre ». (Matth., V, 13-14.)

CHAPITRE VIII

LE PRÊTRE DÉPOSITAIRE DE L'AUTORITÉ

Sommaire. — 1° Le Christ a donné à son sacerdoce la forme sociale et hiérarchisée. 2° Le Pape et les Evêques chefs du sacerdoce et dépositaires de l'autorité religieuse. 3° Cette autorité en regard de l'autorité civile. 4° Cette autorité en regard des libertés modernes.

Jésus-Christ, en prenant notre nature humaine, en devenant homme comme nous, devenait, par le fait même, notre souverain prêtre. C'est à Lui que l'humanité entière se trouve désormais reliée et quiconque se sépare de Lui est une branche morte qui ne saurait porter de fruit. C'est par le Christ que monte à Dieu toute adoration véritable, c'est par Lui que nous vient toute grâce de sanctification. Telle est l'économie de la vie religieuse sur la terre; et ce plan de l'Incarnation rédemptrice doit se continuer jusqu'à la fin du monde.

Par ce seul fait, le Sauveur réalise pleinement cette condition de tout sacerdoce d'être une fonction sociale, groupant dans l'unité tous ceux qui se rattachent à lui. Tous les hommes sont ainsi réunis en un seul grand corps dont le Christ est la tête et dont nous sommes les membres. C'est ce que les théologiens, s'inspirant de l'apôtre saint Paul appellent « le Corps mystique du Christ ». Même si la comparaison n'est pas de tout point physiologiquement exacte, c'est de la tête que l'énergie intime de la vie dérive jusqu'aux membres, et d'elle que vient la direction et la bonne ordonnance extérieure de cette vie. Ainsi, le Christ communique à ses membres que nous sommes, la vie surnaturelle de la grâce et il les régit tous de sa suprême autorité. Roi pour gouverner, prophète pour enseigner, prêtre pour sanctifier. Ainsi les grandes prérogatives du Christ s'orientent-elles toutes à cette dernière dont le terme est la charité.

Aussi le Christ, en se continuant sur la terre par un sacerdoce visible, lui a délégué en quelque manière ses prérogatives sacrées. Il ne se donna pas des successeurs, mais des continuateurs, et le Pape lui-même n'est autre que le Vicaire de Jésus-Christ. C'est pourquoi, en instituant son Église dépositaire de son sacerdoce, Il s'appuie sur son autorité suprême. « Toute puissance m'a été donnée au ciel et sur la terre. Allez donc... » « Comme mon père m'a envoyé, ainsi je vous envoie. » (Matth., XXVIII, 19.)

Mais, pour parer à toute confusion, pour garder à son Église et à son sacerdoce l'unité qu'il y a en Lui, et à laquelle il veut faire participer tous ses membres, il lui donna une forme hiérarchique; et à son chef, il communiqua tous ses pouvoirs. Pour s'en convaincre, il n'est besoin que de se remémorer son institution.

Il est vraiment trop commode, pour répudier son enseignement, de dire que le Christ n'y avait pas songé, qu'il pensait seulement à un royaume tout intérieur sans organisation visible, et que les apôtres ont réalisé sur le plan de l'empire romain, une société à laquelle n'avait pas pensé leur maître.

En réalité, Jésus a voulu établir son

Église sur le fondement de Pierre, avec les douze apôtres pour colonnes.

A Pierre, il dit : « Tu es Pierre et sur cette pierre je bâtirai mon Église et les portes de l'enfer ne prévaudront pas contre elle. » (Matth., XVI, 18.)

Pour qui connaît la valeur de ces mots et le plein contenu de leur sens oriental, c'est clair. Pierre supportera la charge de tout l'édifice qui, grâce à lui, sera inébranlable. Cet édifice est le premier groupe de ses apôtres; il en sera le chef. Jésus dit encore : « Je te donnerai les clefs du royaume des cieux; ce que tu lieras sur la terre sera lié dans les cieux, et ce que tu délieras sur la terre sera délié dans les cieux. » (Matth., XVI, 17-19). Que faut-il de plus ? Pierre recevra les clefs du pouvoir suprême. Il aura encore le pouvoir de confirmer ses frères. Un dernier mot de Jésus réalise toutes ces promesses; Il est constitué Pasteur suprême : « Pais mes agneaux, pais mes brebis » (Jean, XXI, 15-17) lui dit le Christ. Et ce sens de la primauté même à l'égard des apôtres et des évêques, est si clair, si évident que la tradition est unanime à le proclamer. Les témoignages de saint Ignace d'Antioche, de saint Irénée, de saint Cyprien, de saint Augustin sont dans toutes les mémoires. La primauté de Pierre et du Pape n'est pas une innovation du Concile du Vatican; elle est d'institution divine, comme d'ailleurs la création du corps épiscopal représenté, au sein de la première église, par les apôtres.

Et aujourd'hui encore, l'Église catholique n'est autre que l'édifice du Christ bâti sur Pierre et indestructible jusqu'à la fin du monde. Ce vaste organisme est un corps vivant portant la majesté, et l'autorité de Jésus-Christ. C'est le royaume visible des âmes groupées sous la houlette de Pierre et celle des évêques; car eux aussi ont entendu cette parole qui se subordonne à celle qui fut dite à Pierre : « Tout ce que vous lierez sur la terre sera lié dans le ciel, et tout ce que vous délierez sur la terre sera délié dans le ciel. » (Matth., XVIII, 18.)

C'est en vertu même de l'institution divine et des pouvoirs donnés par le Christ à son Église, que le Pape, et les Évêques avec le Pape, peuvent gouverner le peuple chrétien par le grand bienfait de leur autorité.

A cette fin, ils peuvent porter des lois

qu'aucune puissance humaine ne pourra réformer; ils peuvent juger les différends, faire exécuter leurs ordres, imposer des sanctions.

Leur autorité s'étend sur tous ceux qui font partie de l'Église, qui y ont été incorporés, s'en fussent-ils séparés par le schisme ou l'hérésie. Bien plus, comme l'autorité du Christ, celle de l'Église s'étend, en un sens, à tous les hommes qu'elle a mission de recevoir dans son sein, pour les faire participer au bienfait de la rédemption.

Du Pape et des Évêques dépendent une multitude d'autres personnages qui ne sont que les porte-paroles de l'autorité supérieure ; ce sont tous ceux qui exercent une fonction dans l'Église. Le Pape a ses aides, ses conseillers, il s'entoure des Cardinaux, il gouverne par les Congrégations romaines. Il a ses représentants officiels, ses légats, ses ambassadeurs. Pour la facilité de l'administration on a créé les diocèses et les provinces. L'Évêque a également autour de lui des coopérateurs et des ministres; et grâce à eux, l'autorité du Pape, par ces canaux vivants, peut atteindre tous les fidèles jusqu'aux extrémités de la terre. Ainsi les groupe-t-elle tous en une unité admirable qui est, à sa manière, une preuve de la vitalité de l'Église et de sa divine origine. L'édifice toujours bâti sur le même fondement a pris d'immenses proportions, il est toujours l'édifice établi par le Christ sur Pierre. Le grain de sénevé est devenu un grand arbre; il est toujours celui que Jésus planta et arrosa de son sang.

Ce corps vivant a grandi, il s'est développé; mais il vit toujours de la même vie, il est toujours régi par la même autorité. Pie XI, comme Pierre, est le Vicaire de Jésus-Christ.

Or, voici que, pour l'exercice même de cette autorité divine que le Christ a donnée à son Église, semblent se lever d'insurmontables difficultés.

A côté de l'Église, il existe d'autres sociétés légitimes, ayant leurs territoires incontestés, leurs sujets déterminés, une autorité véritable, et qui s'exerce sans discussion. Où allons-nous trouver une place pour l'Église et son autorité ? N'allons-nous pas nous heurter à cette puissance des princes ?

et leurs sujets peuvent-ils donc leur être dé-
robés?

En vérité, toute crainte à cet égard est
injustifiée. Le royaume du Christ n'est pas
de ce monde. Jésus n'est pas venu se tailler
un empire terrestre comme les grands conquérants.

Sans doute, ceux qui font partie de son
église sont de ce monde; ils appartiennent à
une nation, comme ils sont d'une famille.
L'Église respecte cet ordre établi de Dieu ;
mais elle se superpose à ces différents organismes sociaux. Elle laisse subsister les
états; son autorité, à elle, ne vient nullement s'opposer à la leur; elle vient plutôt
la confirmer. Car le Christ lui-même a dit
cette parole qui règle tout le débat : « Rendez
à César ce qui est à César et à Dieu ce qui
est à Dieu. » (Matth., XXII, 21.) L'Église,
c'est évident, a comme ambition d'amener
tous les hommes à elle, mais sans les enlever
ni les soustraire à aucune autorité légitime.
Ces mêmes sujets déjà enrôlés dans une société humaine, elle ne veut que les enrôler
encore dans le royaume de Dieu.

Qu'est-ce à dire ? Que l'État, quel qu'il
soit, garde sa pleine indépendance et son

autorité pour conduire les hommes au bien social humain qui est son but, tandis que l'Église emploie la sienne à les conduire à leur fin dernière qui est le ciel, en les groupant dans son sein.

Ces deux buts sont différents; mais sans antagonisme; donc, en principe, ces deux sociétés ne s'opposent pas; elles peuvent sans inconvénient prendre les mêmes sujets. J'appartiens à telle famille, à telle corporation, à tel état, à l'Église, et cela simultanément, sans qu'il y ait contradiction ni opposition.

Soit, direz-vous, mais il est à craindre que la constitution de l'État ne s'oppose à celle de l'Église. Qui va régler le conflit? Grosse question, il est vrai, mais que quelques-uns semblent compliquer à plaisir.

Un fait certain, c'est que les constitutions des nations peuvent, dans leurs formes, varier quasi à l'infini. Monarchie, oligarchie, démocratie sont les formes principales; mais encore, entre les différentes monarchies, que de différences dans la législation, dans les coutumes, les procédures; et de même dans les autres constitutions. Or, voici qui va tranquilliser les plus inquiets : l'Église

admet toutes les formes de gouvernement.
Elle déclare elle-même avec insistance
qu'aucune ne s'oppose à sa mission; elle
s'accommode de toutes et toutes peuvent lui
accorder une aide efficace.

Gardienne, de par Dieu, des règles de la
foi et de la morale dans tous les domaines,
individuels, sociaux, nationaux, internationaux, elle ne manquera pas de dénoncer ce
qui est contraire au bien et à la loi de Dieu.
Mais son divin fondateur l'a faite catholique
et, pour cela même, elle s'adapte sans
peine ni préférence à toutes les formes de
gouvernement que les peuples se sont légitimement données.

Affirmant et reconnaissant que toute autorité vient de Dieu, elle respecte tous les
pouvoirs établis et commande à tous ses
fidèles de les respecter. Ainsi donc, ces pouvoirs, loin de trouver en elle un ennemi, ne
peuvent y rencontrer qu'un auxiliaire. La
mauvaise foi seule pourrait faire mettre en
doute ces enseignements mille fois répétés
des Souverains Pontifes.

Mais, dira-t-on, ce n'est pas seulement
de la forme du gouvernement qu'il s'agit,
il s'agit des lois. C'est vrai. Et c'est là sans

doute que peuvent surgir les plus douloureux conflits. Les sociétés, comme les indi-
vidus, peuvent conformer leur vie aux
règles du bien; elles peuvent s'y soustraire
comme eux ; l'Église, ici, ne peut pas ne pas
intervenir. Elle manquerait à sa mission si
elle ne condamnait pas le mal qui serait
pour les âmes une cause de ruine.

Aussi l'autorité religieuse défend avec
une indomptable énergie tout ce qui est du
domaine strictement religieux que lui a con-
fié son divin fondateur. Elle réprouve et
condamne toute intrusion dans sa propre législation, dans l'administration des sacrements, dans le gouvernement des âmes. Elle
condamne même les lois, quand ces lois sont
en opposition avec les règles suprêmes du
bien, avec sa divine constitution ou avec sa
mission sacrée. Et dans ces cas, si l'on emploie contre elle la force, elle ne refuse pas
de souffrir pour la cause de Dieu. Ordinairement, pour prévenir des litiges aigus, elle
a ses diplomates, qui prennent le mot
d'ordre auprès du Souverain Pontife et qui
cherchent, d'accord avec les représentants
des nations, à donner aux questions pen-
dantes des solutions pacifiques et amicales.

Que si, sur certains points, l'Église se montre intransigeante, c'est que son but est divin, et qu'aucun bien terrestre ne peut être mis en comparaison avec le salut des âmes dont elle a la charge.

En réalité, ce qui importe, c'est qu'entre ces deux pouvoirs intervienne une bonne harmonie dont chacun d'eux profitera pour l'accomplissement de sa mission. L'Église, n'ignore, ni ne veut ignorer le pouvoir civil qui est établi de Dieu pour le bien temporel des peuples; il est de sagesse élémentaire que le pouvoir civil reconnaisse le pouvoir de l'Église qui, bon gré, mal gré, s'impose à l'attention de tous. Je sais bien qu'on croit trouver quelquefois la formule définitive dans une séparation complète et une neutralité absolue de l'État. Mais c'est méconnaître les droits de Dieu sur la société, et blesser les consciences qui se refusent à insérer ainsi des zones neutres dans la vie morale des hommes. De plus, il suffirait de l'expérience si souvent répétée des peuples pour faire voir aux moins clairvoyants que cette séparation totale est impossible.

Il est facile de reconnaître, en ceci, le domaine du pouvoir civil; en cela, celui du pouvoir spirituel. Mais il y a les points de contact; il y a les questions mixtes; il y a l'union qui doit se faire nécessairement entre les mêmes sujets des deux sociétés.

Au-dessus de toutes ces questions, il reste que nulle puissance au monde ne pourra empêcher les hommes d'être les enfants d'un même Père qui est dans les cieux; il reste que Jésus-Christ a envoyé à tous les hommes les messagers de son Évangile, pour les sanctifier tous, en les soumettant tous à sa loi d'amour et à sa divine autorité.

Ce n'est pas seulement dans ses rapports avec les pouvoirs terrestres que l'autorité de l'Église rencontre ces graves difficultés, c'est encore avec les sujets eux-mêmes et ceux qu'elle veut gagner à la foi du Christ.

Certes, ces difficultés ne sont pas nouvelles. Le Christ en personne put entendre ces paroles de la bouche de ses ennemis : « Nous n'avons pas d'autre roi que César. » Les apôtres porteurs de l'autorité de Jésus-Christ rencontrèrent partout la même résistance. Des âmes de bonne volonté, plus dociles que d'autres, se rangèrent promptement, il est vrai, sous le joug suave du

Christ; il en vint de toutes les classes de la société. Riches et pauvres, instruits et ignorants, esclaves et patriciens se soumirent à son empire; mais la foule fut lente à s'ébranler, à accepter, à obéir.

Quoi d'étonnant, d'ailleurs? Les apôtres ne venaient-ils pas renverser des religions commodes, qui, en déifiant les passions humaines, rendaient l'homme à la licence de tous ses instincts? Ne venaient-ils pas condamner l'amour des richesses, des plaisirs, des honneurs ? Ne venaient-ils pas demander à chacun de se faire violence, de prendre sa croix et de suivre le Christ ? Ne venaient-ils pas au moins bousculer l'indifférence de beaucoup et leur demander d'adorer « ce Dieu inconnu » et crucifié ?

Et déjà alors, comme aujourd'hui, sous des noms à peine différents, le grand nombre demandait à prendre toutes ces libertés dites modernes, et qui se réduisent à vivre selon les inclinations de la nature déchue, et à donner libre cours à ses passions.

Liberté ! mot magique et magnifique qui exprime un des dons les plus beaux que Dieu ait fait à l'homme, mais que si facilement on peut corrompre et profaner. Et, immédiatement, il semble qu'il y ait un divorce nécessaire entre la liberté des sujets et l'autorité qui prétend se les soumettre, entre la liberté de conscience et l'autorité qui veut s'imposer à la conscience. En tout cela, équivoque et confusion.

La liberté n'est pas l'indépendance totale de toute autorité; autrement, toute société serait impossible pour l'homme, et il serait irrémédiablement condamné à l'anarchie et à la mort. La formule « ni Dieu ni maître » n'est pas, quoi qu'il en semble, un cri de liberté, mais une maxime de tyrannie et de déchéance qui livre le faible en proie au plus fort.

Dieu, qui est pour sa créature un Père, ne l'a pas abandonnée ainsi; mais il a voulu que, de son plein gré et par choix, l'homme acceptât de vivre sous la loi divine pour jouir d'un bonheur divin. Il peut, sans doute, s'écarter de cette voie ; mais alors il se perd et, au lieu de jouir de sa liberté, il s'en sert pour son malheur. Est-ce là vraiment être libre ? Non : c'est être esclave.

On veut la liberté de conscience. Soit. Entendez-vous par là que la conscience est

un domaine inviolable et qu'aucune pression humaine, aucune force, aucune tyrannie n'a le droit d'en rompre les barrières ?
C'est la vérité. Voulez-vous dire qu'aucune
puissance ne peut imposer par la violence
une conviction quelconque à une conscience
qui s'y refuse? C'est la vérité encore. Et
l'Église l'affirme plus que vous. Aussi ne se
sert-elle jamais de son autorité pour commettre un tel attentat.

Mais, en réclamant la liberté de conscience, demandez-vous le droit de vous
soumettre ou de ne pas vous soumettre
à Dieu, d'accepter ou de refuser obéissance à la loi divine, de vivre selon vos
caprices, sans vous soucier de son autorité,
réclamez-vous le droit d'échapper à l'autorité de Jésus-Christ, de méconnaître celle
de son Église ? Cette liberté ne peut pas
vous être accordée. Elle ne peut même
pas exister. Cela est évident. Si vous vous
octroyez cette licence, c'est pour votre propre ruine. Vous sortez du seul chemin qui
conduit au ciel et à la vie éternelle, car,
c'est sous la conduite de cette autorité mater-
nelle donnée par le Christ à son Eglise que
nous devons y aller.

Jésus-Christ seul a les paroles de la vie éternelle, et il a dit à ses apôtres de tous les temps : « Tout ce que vous lierez sur la terre sera lié dans les cieux »...

Aussi l'Église, vraiment mère pour tous ses enfants, leur demande de se soumettre avec amour à son autorité qui est toute de charité, inspirée par la charité, guidée par elle jusque dans ses justes rigueurs. Qu'elle puisse châtier ses sujets rebelles, c'est un droit incontestable à toute autorité légitime. Les peines mêmes qu'elle inflige ne sont que pour le bien des âmes; et si la société civile peut se défendre contre ses ennemis, qui voudrait refuser ce droit à la société fondée par Jésus-Christ et dépositaire, sur la terre, de son autorité ?

Autorité bonne et sainte établie de Dieu pour régir le peuple fidèle, lui proposer la douce loi du Seigneur et nous conduire tous en la société de Dieu.

CHAPITRE IX

LE PRÊTRE DOCTEUR DE LA VÉRITÉ

Sommaire. — 1º La vérité d'ordre naturel. 2º La vérité d'ordre surnaturel et la révélation. 3º Le magistère infaillible. 4º Le ministère de la parole.

Le Christ, en établissant son Église, lui donna comme mission de continuer la sienne sur la terre et, à cette fin, il lui confia, avec son autorité, la charge d'enseigner la vérité aux âmes. Le prêtre doit remplir ce ministère toujours : « Allez, a dit le Maître à ses apôtres, enseignez toutes les nations... prêchez toutes créatures; apprenez-leur tout ce que je vous ai appris moi-même. » (Matth., XXVIII, 19.)

La vérité, voilà certes un grand bien pour l'homme. C'est la vie de son esprit et l'aliment de son intelligence. Et s'il était incapable de vérité, il ne serait plus lui-même. Aussi, nous en sommes avides et nous cherchons inlassablement jusqu'à ce que notre esprit soit satisfait. Il est vrai que certains esprits, blessés par leurs propres erreurs ou celles d'autrui, désireux de nouveauté et de paradoxe, se déclarent incapables de l'atteindre jamais, ou la considèrent comme quelque chose d'insaisissable et de fluide, qui se volatilise au moment même où on croit la tenir. C'est vraiment trop douter de soi. Ces théories se tuent elles-mêmes par leurs propres contradictions et ne résistent guère aux données du bon sens.

Mais, fait pour la vérité, l'esprit de l'homme serait-il condamné à ne la recevoir que des ministres de Jésus-Christ ? Non, assurément, et le sacerdoce catholique ne revendique pas un tel monopole.

Il est des vérités d'ordre naturel que tout esprit humain peut s'assimiler par ses seules lumières. Si ses forces le trahissent, il peut s'adresser à ceux qui en ont acquis la connaissance. De cette manière, sa marche vers la vérité sera à la fois plus rapide et plus sûre.

Ainsi, dans les sciences humaines, de nouvelles perspectives s'ouvrent tous les jours, grâce à l'initiative d'esprits curieux et hardis que ne découragent ni la peine ni les premiers insuccès. Ils sont de vrais conquérants de la vérité partout où l'être s'offre ainsi aux prises de l'esprit. Philosophie, histoire, art, mathématiques, sciences de la nature sous leurs aspects divers, s'ouvrent ainsi devant l'homme en quête de lumière et avide de savoir.

Si belles, si grandes que soient ces vérités d'ordre naturel, ce n'est point celles-là que les apôtres ont reçu mission d'enseigner. Est-ce à dire qu'ils devront en faire fi ? Nullement, car elles sont bonnes et belles et l'Évangile y peut trouver les plus précieux concours. La preuve en est manifeste ; l'Église encourage ces sciences, elle les cultive ; elle y instruit ses prêtres et ses fidèles ; il serait puéril de contester sa compétence et ses initiatives. Et ceux qui croiraient trouver quelque incompatibilité entre les données des sciences et les enseignements officiels de l'Église se tromperaient lourdement.

Cependant, au-dessus de ces vérités que

l'homme peut atteindre par ses seules forces, il en est d'autres qui le dépassent totalement et qu'il ne peut connaître que par une révélation divine. Quelques esprits, à cet endroit, ne refuseront-ils pas de nous suivre? Qu'ils lisent cependant par amour pour la vérité qu'ils cherchent et qu'ils aiment. Entendez le P. Monsabré en faire la pathétique énumération :

« Il nous reste à donner au monde une chose plus sacrée que la révélation des mystères de la nature. Quoi donc, Messieurs ? La vérité surhumaine, la vérité qui défie les investigations de l'esprit humain, la vérité qui se cache dans l'essence divine et que personne ne connaîtra si Dieu ne la communique : je veux dire la vérité condensée dans la doctrine chrétienne. Vérité sur la vie et sur les opérations intimes de Dieu, vérité sur les mystères du monde invisible, vérité sur les relations surnaturelles de Dieu avec sa créature, vérité sur le plan éternel d'après lequel ces relations sont ordonnées, vérité sur la condition primitive de l'humanité dans sa souche, vérité sur la catastrophe qui nous a plongé dans un abîme de misères, vérité sur les grands actes par lesquels Dieu est entré en rapports intimes avec l'homme pécheur, vérité sur les abaissements miséricordieux qui l'ont rapproché de nous et introduit dans notre famille, vérité sur la mystérieuse substitution d'un Dieu au genre humain, dans l'expiation du péché, vérité sur le bienfait de notre rédemption, vérité sur la société religieuse qui doit en bénéficier, vérité sur les moyens d'en recueillir les fruits, vérité sur les devoirs qu'il nous impose, vérité sur la glorieuse transformation de notre nature dans la béatitude surnaturelle, éternelle conclusion de la vie de l'homme et de l'action de Dieu. » (MONSABRÉ, *L'Ordre*, 2ᵉ Conférence.)

Ne dites pas que cela vous est indifférent. C'est cela seul qui importe. Ne dites pas que ce sont des opinions ; c'est l'incorruptible vérité révélée de Dieu. Ne dites pas que le mystère va contre votre raison. Il la dépasse et pour le rendre accessible, le Fils de Dieu est venu du ciel sur la terre vous apporter la lumière et la foi. Il a traduit ces réalités inaccessibles en notre langage humain : « Il est la lumière véritable éclairant tout homme venant en ce monde. » « Je suis, dit-il, la lumière du monde. » Ces vérités très hautes, Dieu les avait déjà communiquées en partie à Moïse et aux écrivains inspirés de l'Ancien Testament. Continuée par le Christ, la révélation a été achevée avec la mort du dernier des apôtres.

Elle nous a apporté des certitudes auxquelles l'esprit de l'homme ne pouvait prétendre par ses seules forces et qui pourtant sont indispensables pour atteindre le vrai but surnaturel de notre vie. Ces vérités, je ne puis les rejeter ou les méconnaître sans me perdre. Je puis vivre et mourir en paix sans connaître la distance qui sépare la terre du soleil, mais je ne puis ni vivre ni mourir en paix, sans connaître le chemin qui doit me conduire au ciel.

C'est cela même que Jésus est venu nous apprendre. Il nous apporte la vérité qui sauve et qui délivre.

Or, voici la merveille : son ministère de vérité, le Christ le confie à son sacerdoce. Ses prêtres, jusqu'à la fin du monde, devront faire connaître aux âmes les vérités du salut. Entendons bien ces choses. Ils n'auront pas comme les prophètes, comme le Christ, comme les apôtres eux-mêmes, à faire connaître de nouvelles vérités non encore apportées à la terre. Non, assurément; car la révélation est close. Tout ce qui était nécessaire a été dit. Et alors quel est le rôle du sacerdoce ? De faire connaître les vérités contenues dans le dépôt sacré de la révélation. Rien de plus, mais rien de moins.

Miséricorde du Dieu de vérité. Il veut rester avec nous non seulement sous la forme sacramentelle de l'Eucharistie, mais encore sous la forme de vérité vivante, toujours parlante, toujours à notre portée. La révélation, il est vrai, a été consignée dans des livres qui sont sacrés; mais ce n'est pas tout. Et le dirais-je ? ce n'est pas le principal. Le principal, c'est le Christ continuant à nous parler par son Église.

« Allez, a-t-il dit à ses prêtres, allez enseigner toutes les nations; apprenez-leur tout ce que je vous ai appris moi-même... celui qui vous écoute m'écoute; celui qui vous méprise me méprise et méprise celui qui m'a envoyé. »... « Je suis avec vous jusqu'à la consommation des siècles. »

Voilà la réalité centrale. La vérité ne vient pas à nous par un livre que peut-être je ne puis pas déchiffrer; elle ne se présente pas sous la forme des pétales morts d'une fleur desséchée dans un herbier, mais sous la forme vivante d'une fleur épanouie au soleil. Mieux encore. C'est le Christ qui continue à parler, à répéter sous mille formes son enseignement. Toujours il parlera ainsi par la bouche de ceux qu'il s'est choisis. Le Christ enseignant ou l'Église enseignante, c'est tout un.

Comment la chose peut-elle être ? car si la vérité est le bien de l'esprit, souvent, hélas, par faiblesse ou lâcheté, l'homme tombe dans l'erreur. Et ces hommes qui vont prêcher au nom du Christ, ne vont-ils pas se tromper eux-mêmes et enseigner l'erreur au lieu de la vérité ? Le Christ y a pourvu. Lui, le Christ, il ne peut se tromper ; il donnera donc à son Église, ministre de la vérité, ce privilège de ne pouvoir pas se tromper. Elle sera infaillible en la personne du Pape et, dans certaines conditions, du corps épiscopal tout entier.

Ce privilège du siège apostolique trouve son point de départ dans cette parole de Jésus à l'apôtre saint Pierre :

« Simon, Satan vous a réclamés pour vous cribler comme le froment; mais j'ai prié pour toi, afin que ta foi ne défaille point ; et toi quand tu seras converti, confirme tes frères. » (Luc XXII, 32). A travers tous les siècles, de tous les points de l'univers chrétien, on s'est tourné vers Rome, vers le successeur de Pierre pour lui demander la règle infaillible de la foi. Et cette pensée convergente de l'Église, qui ne peut être que celle du Christ, a abouti à la définition du dogme proclamé par le Concile du Vatican. Il affirme que « le Pontife Romain quand il parle *ex cathedra*, c'est-à-dire lorsque remplissant sa charge de Pasteur et de Docteur de tous les chrétiens, en vertu de sa suprême autorité apostolique, il définit une doctrine concernant la foi ou les mœurs comme devant être reçue de toute l'Église, par l'assistance divine à lui promise en la personne du Bienheureux Pierre, jouit de cette infaillibilité, dont le Divin Rédempteur a voulu que fût pourvue son Église quand elle définit une doctrine concernant la foi ou les mœurs, et par suite, ces définitions du Pontife Romain sont irréformables par elles-mêmes et non du fait du consentement de l'Église. » (Conc. Vat. sess., IV, c. 4.)

Le Pape, comme tel, jouit donc de ce privilège. De droit divin, le corps épiscopal (et non pas chaque Évêque en particulier) réuni en concile ou même dispersé dans le monde entier, pour autant qu'il est en communion et en unité avec le Pape, jouit du même privilège. Le Pape est le confirmateur infaillible; l'épiscopat le confirmé dans la foi.

Mais quelle est la nature réelle de ce privilège concédé au Pape en vertu de la toute puissante prière du Christ priant pour que sa foi ne défaille point? Beaucoup s'en font une idée tout à fait fausse; et partant leurs reproches se tournent contre eux-mêmes sans atteindre le Pape.

Premièrement, l'infaillibilité n'est pas l'impeccabilité. Le Pape n'est pas confirmé en grâce; il peut commettre des fautes. Mais, chose remarquable, si l'histoire a conservé le souvenir de tel pape dont la conduite ne fut point exemplaire, son enseignement ne prête flanc à aucune critique.

L'infaillibilité n'est pas une révélation. Quand le Pape promulgue une définition dogmatique, ce n'est pas une vérité nouvelle qui est enseignée. Ainsi, avant que le dogme de l'infaillibilité du Pape fût proclamé, il était déjà vrai que le Pape était infaillible ; il était déjà vrai que cette vérité avait été révélée ; il était déjà vrai qu'elle était acceptée comme telle par l'Église, quoique plusieurs aient pu se tromper et croire le contraire. Ainsi l'Église infaillible ne crée pas de nouveaux dogmes ; elle les définit seulement et les proclame ; mais quand elle a fait cela, ceux qui nieraient ces vérités, non seulement sont dans l'erreur, mais encore ils tombent dans un péché contre la foi.

L'infaillibilité n'est pas non plus une inspiration, mais seulement une inerrance de fait et de droit, une non possibilité de se tromper et d'enseigner l'erreur quand toutes les conditions de l'infaillibilité sont réunies.

Un autre point très délicat à déterminer, (chose impossible à faire en quelques lignes) c'est la matière sur laquelle porte cet enseignement infaillible du Pape et de l'Église. Le Concile du Vatican dit que le Pape est infaillible quand il définit une doctrine concernant la foi ou les mœurs comme devant être crue par toute l'Église. Mais il faut remarquer que personne ne peut, du dehors, indiquer les limites où s'arrête la compétence du Pape. Seul le Pape lui-même peut le faire. Ainsi donc il peut infailliblement déterminer que telle vérité fait en effet partie du dépôt de la révélation et la proposer comme telle à la foi des fidèles.

L'objet premier et direct de l'infaillibilité, disent les théologiens, c'est toute vérité contenue explicitement ou implicitement dans le dépôt de la révélation, et pouvant, par là même, être définie dogme de foi catholique. Une vérité définie comme telle ne peut être niée ou seulement être mise en doute sans péché formel d'hérésie.

Les conclusions théologiques qui, sans être explicitement révélées, ne sauraient être niées sans ébranler les dogmes, peuvent aussi faire l'objet d'un enseignement infaillible. Il faut en dire autant des faits dogmatiques : légitimité de tel pape, de tel concile, de telle condamnation dont la négation ruinerait la foi ; cependant celui qui nierait ces vérités ne serait pas, par ce seul fait, un hérétique; mais il serait en grand danger de le devenir en niant quelque dogme connexe.

De plus amples explications seraient nécessaires pour donner une pleine intelligence du privilège de l'infaillibilité; celles-ci nous aideront du moins à comprendre qu'il ne se peut agir d'infaillibilité quand le Pape traite de choses purement scientifiques ou profanes, quand il parle comme personne privée sans vouloir imposer son enseignement à toute l'Église. Voilà, nous l'espérons, qui suffira à faire tomber plus d'une erreur et plus d'un préjugé. La rareté même de cet enseignement nous montre à l'évidence que l'Église n'use de ce moyen que dans les cas extrêmes où, sans cela, la foi ou les mœurs seraient en péril.

Habituellement elle emploie son « magistère ordinaire » par lequel le Pape, les Évêques et, sous leur contrôle, tous les prédicateurs de l'Évangile portent aux âmes les vérités du salut. Et, en vérité, le Divin fondateur de l'Église ne nous témoigne pas par là une moindre sollicitude.

Cet enseignement ainsi couvert de haut par l'autorité doctrinale du Pape infaillible ne peut ni s'égarer ni se corrompre. Il pourra certes se glisser dans les rangs des prédicateurs des docteurs de mensonge; mais leurs erreurs seront bientôt dévoilées ; elles risqueront moins de faire des

victimes et l'unité de la foi sera sauve-
gardée.

Et, certes, voilà bien un spectacle digne
de faire réfléchir les âmes loyales. Depuis
que le Christ a fondé son Église et donné à
son sacerdoce la mission d'enseigner la vérité, partout, toujours c'est cette même vérité qui est proposée aux hommes. Même
Credo de l'un à l'autre pôle, dans tous les
climats et chez tous les peuples, unité absolue, sûre d'elle-même. A l'origine c'était
un germe; le germe s'est développé, il a
grandi, il grandit toujours; mais il demeure
toujours lui-même parce que la vérité est
une et qu'ici les défaillances possibles des
hommes sont empêchées par la vertu de
Dieu. C'est comme un fleuve immense qui
porte toujours plus loin ses eaux limpides
et bienfaisantes, et que rien ne peut corrompre, parce que toujours elles émanent
de la Vérité éternelle.

Ah! que d'âmes aigries, désorientées trouveraient ici le repos. Elles s'en vont scep-
tiques et désabusées. Sans cesse ballottées
d'erreur en erreur par les vaines élucubra-
tions des hommes, elles en viennent à douter de la vérité elle-même. Que si, du

moins, elles consentaient à regarder du côté
de l'Église, du côté du Christ, du côté du
Pape vivant et infaillible, bientôt elles retrouveraient la paix, la tranquillité avec la
lumière.

Et ceux qui se sont séparés de Rome et de
ses enseignements, quel douloureux spectacle que celui de leur irrémédiable incerti-
tude. Où est donc la vérité ? Dans ce livre,
la Bible! Sans doute; mais un livre est
muet.

Il ne me dit rien de son origine, de sa valeur, de son autorité; il ne me dit rien, ou
à peu près, que ce que je veux lui faire
dire. En plusieurs endroits, ses obscurités
me déconcertent. Où prendre la vérité?
Chacun est libre d'interpréter à sa façon.
Mais non! la chose ne se peut pas. On ne fa-
brique pas ainsi la vérité; elle doit s'imposer à mon esprit! Aussi quel désarroi;
quelle division; quel inconcevable mélange
d'affirmations et de négations qui se contredisent chez ceux qui ont abandonné la règle
infaillible de la vérité. Pour eux encore où
prendre, où trouver ces vérités nécessaires
indispensables, qui assurent à l'esprit la
sécurité et la joie ? Qu'ils regardent du côté

de Pierre; ou seulement qu'ils écoutent les prédicateurs catholiques; ils parlent la parole de Dieu.

Qu'il est beau ce ministère de la parole et de la vérité. Les apôtres n'ont pas voulu s'y soustraire. Saint Paul s'écrie : « Malheur à moi si je n'annonce pas l'Évangile. » (1re *Épître aux Corinthiens*, IX, 16.)

Le Prêtre, à son ordination sacerdotale, reçoit cette mission sacrée; il devra désormais, en union avec son évêque dont il est le représentant, et, par lui, avec le Pape, le gardien et le confirmateur de la foi, faire connaître aux âmes les vérités du salut. Infaillible lui-même, personnellement ? Non, mais assuré cependant de ne point prêcher l'erreur tant qu'il demeure en communion de pensée avec le Christ-Vérité vivant sur la terre, le Pape.

Quel soin et quel respect exige du prêtre ce ministère sacré ! D'autres préoccupations que des pensées humaines doivent guider le prédicateur. Saint Paul n'aborde pas les âmes avec des procédés humains. Les Pères de l'Église ne composent point leurs vivantes homélies pour rivaliser de grâce avec les rhéteurs du paganisme. Saint Vincent Ferrier sait déjà que la vraie éloquence se moque de l'éloquence. Saint François de Sales pense que « le souverain artifice est de n'avoir pas d'artifice ». Bossuet prêche devant Louis XIV avec la sainte liberté d'un apôtre. Lacordaire va droit au cœur avec son cœur de feu. Le saint Curé d'Ars ne connaît que l'éloquence de son insatiable charité. Le prédicateur de l'Évangile doit rester sans doute ce qu'il est; la prédication des saints ne se ressemble que sur un point : le souci de convertir et de sauver les âmes. Arrière les vains raffinements; les niaiseries d'une parole mondaine. Un tel langage scandaliserait les fidèles et bercerait les pécheurs au lieu de les réveiller de leur torpeur. Faudra-t-il donc, sous prétexte de fuir la mignardise, tomber dans le trivial, le grotesque, le négligé ? Qui le demande ? La parole de Dieu mérite-t-elle ce déshonneur ? Non. Dieu qui envoie le prêtre, lui demande de mettre à son service tous ses talents, tout son cœur, une foi ardente en la puissance du verbe divin. Point de fleurs artificielles en chaire; mais de la vie, de la foi, de la charité surtout.

Science, dialectique, action seraient vaines sans le souffle du cœur. Qu'il enflamme sa parole au cœur même de Dieu et la jette brûlante aux âmes qui l'attendent.

Venus peut-être en spectateurs, les pécheurs s'en iront bouleversés ou attendris; les fidèles seront affermis dans le bien; pour les uns, ce sera le désir du pardon, la conversion peut-être, pour les autres, une volonté plus généreuse dans le devoir, plus avide de sainteté.

Car, qu'on le sache bien, quand parle l'homme de Dieu, il sort de sa poitrine plus qu'une parole humaine.

Quand les mots frappent les oreilles, c'est Dieu lui-même qui, par sa grâce, s'insinue jusqu'au cœur et porte avec lui la lumière. Qui dira cette action puissante et douce, bienfaisante aux âmes de bonne volonté!

Le grand malheur, c'est que, souvent, on va écouter cette parole divine sans souci d'en profiter. Critiquer, admirer, juger : oui. Se convertir, réfléchir, partir meilleur qu'on était venu, qui y songe ? Que bienheureuses sont les âmes simples et droites qui viennent sans autre souci que de se nourrir de ce pain sacré qu'est la vérité.

Elles en emportent une grande force en même temps qu'une vive lumière.

Combien d'autres participeraient au même bien si, pour un instant, elles consentaient à se faire humbles et à recevoir en toute docilité les enseignements de la foi. Que de doutes dissipés! que d'erreurs écartées! que de préventions disparues! Elles retrouveraient la paix de l'esprit et du cœur. Elles connaîtraient la douceur de cette parole du Christ : « Celui qui vous écoute m'écoute. » (Luc, X, 16.) ... « Celui qui croira et sera baptisé sera sauvé. » (Matth., XVI, 16.)

CHAPITRE X

LE PRÊTRE APÔTRE DE LA CHARITÉ

Sommaire. — 1º Le prêtre apporte aux hommes les biens surnaturels de la Rédemption. 2º Par sa doctrine et son action, il aide au bien temporel lui-même. 3º Le prêtre n'est pas mu dans son action par des vues d'avarice ou d'ambition. 4º Aux multiples formes de sa charité correspondent les multiples formes du sacerdoce (prêtres, religieux).

L'autorité divine qui régit l'Église, la parole sacrée qu'elle distribue aux hommes sont déjà, pour eux, deux insignes bienfaits. Ce n'est pas tout.

Le Sauveur disait un jour : « Je suis venu pour que les hommes aient la vie et qu'ils l'aient en abondance. » Sa venue est pour cela ; pour cela, son sacrifice ; pour cela, son Église et son sacerdoce. Aussi tout doit converger à ce ministère de charité : donner aux âmes la vie surnaturelle de la grâce. C'est à cette fonction sublime, que sont conviés les prêtres de Jésus-Christ.

Pour cela, ils seront d'abord les ministres visibles du sacrifice de la Messe. L'autel ou le Calvaire, c'est tout un pour qui connaît l'un et l'autre. Le prêtre monte donc au saint autel et, accomplissant, en mémoire du Christ, ce que le Christ avait fait à la sainte Cène, il recueille et distribue aux âmes les grâces de la rédemption. Adorations, expiations, remerciements et prières, c'est tout cela qui, de l'autel, s'élève vers Dieu ; et, en retour, dans un échange tout libéral, nous sont accordées des grâces de pardon et de salut. Mais, pour atteindre les âmes, il y a d'autres moyens par lesquels, comme par des canaux sacrés, nous est donnée la vie divine ; ce sont les sacrements. Le prêtre est, de par Jésus-Christ, le ministre des sacrements (sauf pourtant pour le mariage ; les époux eux-mêmes en sont les ministres).

« Si quelqu'un, a dit le Christ, ne renaît de l'eau et de l'Esprit-Saint, il ne peut pas entrer dans le royaume de Dieu. » Qui opé-

rera cette renaissance ? Par une miséricordieuse condescendance de Jésus, toute personne peut, et, en cas de nécessité, doit
faire le rite sacramentel du baptême, par
lequel est effacé le péché originel, et l'âme,
régénérée, rendue vivante de la vie divine.
Mais qui a reçu la mission officielle de bap-
tiser ? Le prêtre. « Allez, enseignez toutes
les nations, baptisez-les au nom du Père et
du Fils et du Saint-Esprit. » (Matth.,
XXVIII, 19.)

Cette âme marquée du caractère du Christ
au saint baptême, l'Évêque, par la Confirmation, va lui donner la plénitude de la vie
chrétienne. Le confirmé sera soldat du
Christ, capable de défendre sa foi et d'affronter la lutte au milieu du monde.

Et voici sans doute la merveille des
merveilles; le prêtre nourrit les âmes du
corps et du sang de Jésus-Christ réellement
présents dans la sainte Eucharistie. En se
faisant victime entre les mains du prêtre,
Jésus se fait aussi nourriture pour les âmes :
« Si vous ne mangez la chair du Fils de
l'Homme et si vous ne buvez son sang; vous
n'aurez pas la vie en vous. Celui qui mange
ma chair et boit mon sang a la vie éternelle

et je le ressusciterai au dernier jour. Ma chair est vraiment une nourriture et mon sang est vraiment un breuvage; celui qui mange ma chair et boit mon sang demeure en moi et moi en lui. Comme le Père qui est vivant m'a envoyé et que je vis par le Père, ainsi celui qui me mange vivra aussi par moi. C'est là le pain qui est descendu du ciel... celui qui mange de ce pain vivra éternellement. » (Jean, ch. VI.) Voilà ce qu'a voulu le Christ : se faire Pain vivant et vivifiant. Qui nous le donne? Le prêtre. Jésus s'est mis sous cette forme précisément parce qu'il veut être donné et mangé. C'est le prêtre qui va servir ce royal festin où Dieu se fait la nourriture de l'homme. Charité infinie de Jésus, ministère d'ineffable charité chez le prêtre associé de si près à Lui.

L'homme ainsi grandira dans la vie divine. Cela est assuré, s'il est fidèle. Mais faible et défaillant, il peut tuer en lui cette vie, il peut mourir à la grâce. Le Sacrement de pénitence va opérer une véritable résurrection. Qu'il vienne ce pécheur, comme l'enfant prodigue, se jeter aux pieds du prêtre; qu'il lui dise : « Mon père j'ai péché contre le ciel et contre vous. » ... qu'il accuse ses

fautes avec le douloureux regret de les avoir
commises. Il verra se lever sur lui la main
du prêtre, toute chargée de la miséricorde
et de la puissance de Dieu, et il entendra les
paroles du pardon : « Je vous absous de vos
péchés au nom du Père et du Fils et du
Saint-Esprit. » Cette âme morte est de nouveau vivante et les cieux de nouveau sont
ouverts pour elle. Pouvoir inouï, surhu-
main. Le Prêtre l'a reçu du Christ : « Les
péchés seront pardonnés à ceux à qui vous
les pardonnerez; ils seront retenus à ceux à
qui vous les retiendrez. » (Jean XX, 23.)

Ayant ainsi donné la vie aux âmes, les
ayant purifiées, les ayant nourries du Christ,
le prêtre n'aura plus qu'à les préparer au
suprême combat de la mort d'où dépend
l'éternité. Il prendra l'huile sainte. Au nom
de Dieu, il oindra les malades, en implo-
rant le secours d'En-haut. Charitable ministère s'il en fut, qui calme bien des angoisses
et sauve plus d'un désespéré.

Restent les deux sacrements établis pour
la vie sociale du peuple chrétien : le Mariage et l'Ordre. Pour le premier, le prêtre
témoin officiel des serments des époux,
bénira leur union ; tandis que pour l'Ordre,

la divine fécondité du sacerdoce du Christ se manifestera dans toute sa beauté. L'Évêque, par ses rites sacrés, donnera à l'Église de nouveaux prêtres, pour continuer jusqu'à la fin des temps son ministère de charité.

S'il était permis de pénétrer dans l'intime des âmes, que de révélations nous seraient faites sur les bienfaits du prêtre pour elles. Ces âmes étouffant dans le doute ou l'ignorance, qui les a éclairées? Le prêtre. Cet adolescent sur le point de sombrer dans le vice, qui l'a sauvé ? Le prêtre. Cette jeune fille fascinée, qui l'a retenue ? Le prêtre. Cette âme éprise d'idéal et de sacrifice, qui lui a montré le divin modèle à suivre ? Encore le prêtre. Sans doute, Dieu n'a besoin de personne pour faire entendre ses appels et toucher les âmes; il peut aller droit au cœur; il veut cependant se servir ordinairement du prêtre. Par lui, il console, il encourage, il soutient; par lui, il sauve, et quand toutes les espérances terrestres sont évanouies, il reste au malheureux le prêtre qui, par delà les misères de cette vie, lui montre les félicités éternelles que rien ne pourra nous ravir. Ministère sublime en vérité, ministère de paix et de charité; ministère qui ferait déjà le bonheur de la terre si chacun voulait en user.

Et, en somme, que voyons-nous parmi ceux qui n'ont point d'espérance au delà de la terre? une lutte âpre et obstinée pour la possession des biens de ce monde, une course effrénée vers le plaisir et le luxe, une insatiable ambition. On proclame, il est vrai, les grands principes de la justice pour tous et de la liberté; mais c'est oublier que les passions humaines ne sont jamais mortes en nous. Justice, oui; liberté oui. Mais vient un jour ou cela même est une gêne et trop facilement, cède le pas à l'intérêt. Et alors, des conflits violents se lèvent entre les classes, et des hommes faits pour s'aimer en viennent à se haïr férocement. Pour que mes intérêts soient satisfaits, il faut que celui-là disparaisse, il disparaîtra. Coûte que coûte, il me faut mon paradis en ce monde, je n'en attends point en l'autre. Que m'importe la vie ou le bonheur d'autrui; je suis, moi, le centre de l'univers. Élevons plus haut nos yeux; des hommes de bonne volonté cherchent un peu de paix pour ce pauvre monde bouleversé. Les problèmes sont complexes et la tâche est ardue. Où prendre les principes de solution, où chercher une base à la paix tant désirée? Quelle sera la charte du bonheur des peuples comme des différentes classes? Il n'y en a qu'une : la charte évangélique : celle-là même que prêche l'Église et que le prêtre a pour mission d'enseigner aux hommes.

Il serait puéril de prétendre trouver explicitement dans l'Évangile la solution de tous les problèmes sociaux. Cependant si la loi de Dieu était observée, la plupart des conflits seraient d'eux-mêmes écartés. Pour le reste, l'Église n'a point failli à son devoir. Fidèle à la doctrine du Christ, elle a, par la voix de ses Pontifes, de ses théologiens, de ses docteurs, établi tout un corps de doctrines qui, bien appliquées, feraient, autant qu'il est possible en ce monde, le bonheur des sociétés. Ces doctrines où s'harmonisent heureusement les rigueurs de la justice, les délicatesses de la charité, les aspirations légitimes de l'homme, son droit à la vie, sa destinée éternelle, ne sont malheureusement pas assez connues, malgré les efforts incessants des prédicateurs et des conférenciers. Si, loyalement, une société voulait faire l'application des encycliques de Pie IX, de Léon XIII, de Pie X, de Benoît XV et de Pie XI, il n'y a pas de doute : la face de la terre serait changée.

Et dans les conflits internationaux, que de diplomatie nous serait épargnée. Que de résultats plus stables et plus certains si, une bonne fois, les principes de l'Évangile mieux connus étaient la règle du droit des gens. Pourquoi donc faut-il qu'ici encore, on s'obstine à chercher ailleurs, alors que là, comme dans tous les domaines, le Christ a les paroles de la vie éternelle?

Il ne s'agit pas de trouver pour les hommes un nouveau paradis terrestre. Il y aura toujours en ce monde des luttes et des rivalités. Toujours il y aura des malheureux. Peu ou prou, tous doivent souffrir ; tous doivent passer par la mort. Mais si l'on suivait les enseignements du Christ, les conflits seraient moins graves, moins nombreux; et les déshérités ne vivraient pas sans espérance.

Mais je l'entends, quelqu'un dira : Il est tout naturel qu'un prêtre soutienne de telles prétentions. Sous des dehors de philanthropie et de charité, apparaît le plaidoyer personnel; et, comme tous les autres, le prêtre a ses vues d'ambition et de richesses. Belle aubaine pour lui, s'il devenait, à si bon marché, l'arbitre des sociétés et des nations. Il ferait ainsi en de grandes proportions, ce que, par tous les moyens, il cherche à être jusque dans les plus humbles besognes de son ministère de prétendue charité.

Voilà de graves accusations, mais heureusement toutes gratuites. Le Christ a dit : « Le Fils de l'homme est venu, non pour être servi, mais pour servir. » (Matth., XX, 28.) Le Prêtre n'a pas un autre idéal que le Christ. Le disciple n'est pas au-dessus du maître; et le Souverain Pontife lui-même n'a pas de plus beau titre d'honneur que celui de « Serviteur des serviteurs de Dieu. » Belles maximes, à coup sûr, et qui ne sont pas que des maximes, mais de quotidiennes réalités.

On ne reprochera pas du moins au clergé de France, dont on a dit si bellement la glorieuse misère, de travailler à amasser de l'argent. Tout en réprouvant les injustices qui l'ont dépouillé, le prêtre peut mépriser les accusations intéressées que quelques-uns lui adressent.

La vérité, c'est que toute l'histoire de l'Église n'est que la magnifique réalisation de cette parole du Christ : « Je ne suis pas venu pour être servi, mais pour servir. »

Ce sont les apôtres qui, au prix de leur sang, ont annoncé l'Évangile au monde païen; ils sont venus relever l'esclave de son abjection, la femme de son ignominie; et ces deux causes sacrées sont des victoires des ministres du Christ. Par prudence, ils ont voulu faire cette immense réforme sans amener une révolution dans le monde païen; il serait injuste de le leur reprocher.

Ce sont les grands Évêques qui ont arrêté les barbares dans leur œuvre de dévastation; ce sont eux qui ont civilisé les peuples neufs qui déferlaient sur le vieux monde croûlant.

Les ministres de l'Évangile ont couvert le monde de leurs œuvres de bienfaisance et de charité. Les pauvres, les orphelins, les malades, tous préférés de Jésus-Christ, ont trouvé en eux non seulement des protecteurs, mais encore des pères qui leur donnaient avec leurs secours, le meilleur de leur cœur. Et si, de nos jours, nous voyons tant d'œuvres secourables aux malheureux, il faut en attribuer le mérite à la civilisation chrétienne qui, malgré tout, imprègne encore les mœurs. Il est bien vrai que certains philosophes, à la suite de Renan, de Spencer, de Nietzsche font à l'Église un reproche de sauver de la mort les membres souffrants, malades, faibles, de l'humanité. Pitié inutile et mauvaise, disent-ils, qui, pour le malheur de tous, permet à ces avortons de vivre et de contaminer les autres hommes. C'est cette férocité que le Christ condamne; et, après lui, tous les ministres du Christ qui, comme Lui, se penchent sur toutes les douleurs pour les guérir et les consoler.

Charité encore, en apportant à tous, les bienfaits d'une vraie éducation et de l'instruction à tous ses degrés. Quelques-uns se plaisent à mettre dans un grotesque parallèle l'instruction moderne et l'ignorance du Moyen âge. Parodie facile de la réalité. Il faut méconnaître l'histoire pour faire fi de l'immense activité intellectuelle des siècles passés. On ignorait alors, il est vrai, les secrets de l'électricité et la technique de l'aviation. Mais nos ancêtres de vingt ans étaient-ils des sots pour ne les avoir pas connus? Il faut le dire, car c'est la vérité, c'est l'Église qui a couvert notre France d'écoles et d'universités. Si maintenant d'autres mains, à côté d'elle, avec des ressources qu'elle n'avait pas, se livrent à cette même tâche, son œuvre mérite-t-elle moins d'estime et moins de respect ?

Si nous jetons un coup d'œil sur le monde, nous voyons que d'autres, obéissant, souvent même sans s'en douter, à l'esprit de l'Évangile ont pour le bien des hommes d'heureuses initiatives et de beaux dévouements. Les prêtres de Jésus-Christ ne sauraient y être indifférents; ils ne prétendent nullement au monopole de la bienfaisance; mais ils souffrent parfois de se voir rejetés comme si leur charité devenait à quelques-uns suspecte ou gênante. Il est vrai qu'en soignant les corps, le catholique voudrait encore consoler les âmes, adoucir les aigreurs, éveiller l'espérance, faire entrevoir le ciel et la possession éternelle de Dieu.

Se pourrait-il qu'il y ait là de quoi faire suspecter son ministère et douter de sa véritable charité ? Nul ne voudra se résigner à le croire. Quoi qu'il en soit, l'apôtre du Christ ne s'arrête point devant de tels refus. Envoyé par le Maître à toutes les nations, il quittera, s'il le faut, pour un temps, sa patrie et ira porter au loin les bienfaits de Dieu. Sans nul souci de richesses à acquérir, ou de territoires à exploiter, il va dans les glaces du nord ou la chaleur torride des tropiques, porter l'Évangile aux âmes qui l'ignorent. Il va sans espérances humaines, quittant parents et amis, pendant qu'une route s'ouvre à son zèle et que ses forces ne le trahissent point. Puis il s'arrête, et quand son pauvre corps tombe sur le sillon, il meurt, il est un grain de blé enfoui dans la terre; demain la moisson lèvera pour le ciel.

Toutes besognes, toutes occupations lui sont bonnes; il ne se refuse à aucun sacrifice; car il veut que sa vie soit féconde; et il n'ignore pas que toute fécondité sort de l'immolation. Un jour viendra peut-être où, comme pour son Divin Maître, quelqu'un dira : « Il faut qu'il meure pour le salut du peuple. » (Jean, XI, 50.) Avec la grâce de Dieu, il ne refuse pas de mourir. S'il faut ce grand exemple il fera comme Jésus : « Il n'y a pas de plus grande marque d'amour que de donner sa vie pour ceux qu'on aime. »

Et il semble que le Christ, pour laisser au monde un plus grand exemple, ait voulu que son sacerdoce, unique en lui-même, pût se faire tout à tous et se proportionner à tous les besoins.

Les dignitaires de l'Église, sans rejeter comme indignes d'eux les plus humbles fonctions, ont tout naturellement à s'occuper du bien général. A eux, les tractations avec les grands et les puissants de ce monde. A eux, la direction et le gouvernement. Entre leurs mains, l'autorité n'est point un instrument d'orgueil et de domination, mais un moyen plus efficace de faire un plus grand bien. Ils seront entourés d'un appareil d'autorité et de puissance. Tout cela est nécessaire à l'exercice de leurs devoirs et au bien de tous.

La souveraineté même du Pape sur la « Cité du Vatican » n'a pas d'autre but que de garantir au Vicaire de Jésus-Christ une liberté entière dans le domaine spirituel.

Au-dessous d'eux, en une ramification qui cherche à être aussi souple et adaptée que possible, les prêtres se mettent en contact direct avec les âmes. Curés, vicaires, aumôniers, professeurs, prédicateurs, confesseurs, directeurs d'œuvres, missionnaires étendent l'influence de l'Évangile, annoncent la parole divine, provoquent de nouveaux dévouements, sèment et récoltent la vertu.

Ce n'est pas tout encore. Pour la beauté de son Église, et le plus grand bien des âmes, le Christ a voulu que son sacerdoce fût aidé dans sa tâche; et, à côté de lui, se sont levés les ordres religieux. Devant le monde, les religieux font profession de pratiquer les conseils évangéliques. Pauvreté, chasteté, obéissance leur permettent, en se libérant eux-mêmes de tous les soucis de la terre qui entraveraient leur action, de se donner tout entiers à la grande mission de prière, de contemplation, de prédication, de charité confiée au sacerdoce. Aussi les voyons-nous, plus que tous les autres, à l'avant-garde de l'armée pacifique du Christ. Les noirs complots que certains leur attribuent n'enfantent ni guerres ni révolutions. Ils ne sont que les conspirateurs du bien et de la paix. Poursuivant les mêmes desseins, les innombrables religieuses dont s'honore l'Église sont en sous-ordre les servantes du Christ. Nous les voyons au chevet des malades, dans les hôpitaux et dans les mansardes; elles se dévouent pour instruire l'enfance et la préserver; elles se consacrent à la prière et à la pénitence. Partout elles sont les auxiliaires précieuses du sacerdoce. En faisant le bien, elles lui préparent les voies, et permettent ainsi à Dieu d'aborder toutes les âmes.

Comme le monde les connaît peu ces âmes de prière, de dévouement et d'obscur héroïsme. Ou plutôt il les connaît bien; mais on dirait qu'il redoute le contagieux exemple de leurs vertus. On dirait que ses yeux malades ne peuvent supporter la lumière qui entoure leur vie pure comme d'une auréole. Sans doute, faut-il voir encore ici l'accomplissement de la parole du Maître : « Bienheureux serez-vous quand les hommes menteurs diront du mal de vous, à cause de moi. » (Matth., V, 11.) « Bienheureux ceux qui souffrent persécution pour la justice. » (Matth., V, 10.) Ceux qui se sont donnés à Dieu le savent bien, et inlassablement ils reprennent et continuent leur œuvre, heureux, comme les apôtres, d'avoir quelque chose à souffrir pour le nom de Jésus-Christ.

Qu'elle est belle, qu'elle est grande, qu'elle est sainte l'Église du Christ ! Qu'il est grand et bon son sacerdoce ! Le Christ-Prêtre, par lui, continue son œuvre de vérité, de miséricorde et de salut. Devant lui, disparaissent tous les vains sacerdoces de la terre; le sacerdoce du Christ les a fait s'évanouir. Il est, Lui, le Prêtre par excellence. Il appelle à sa suite les apôtres; il appelle tous ses prêtres. Il les fait siens par l'ordination; et ainsi consacrés au Seigneur, ils sont, sur toute la terre, les pionniers de son œuvre. Ils s'en vont chargés de l'autorité du Christ semer la vérité qui sauve et la divine charité. Que leur mission est belle, qu'elle est noble et bien digne de tenter les âmes éprises d'idéal !

Ce n'est pas en vain que le prêtre est un autre Jésus-Christ.

FIN

TABLE DES MATIÈRES

E. GREVIN — IMPRIMERIE DE LAGNY — 10-1929.